STORYTELLING

ADILSON XAVIER

STORYTELLING
Histórias que deixam marcas

13ª edição

best.
business
Rio de Janeiro | 2023

CIP-BRASIL. CATALOGAÇÃO NA FONTE
SINDICATO NACIONAL DOS EDITORES DE LIVROS, RJ

X32s
13ª ed.

Xavier, Adilson, 1955-
   Storytelling / Adilson Xavier. – 13ª ed. – Rio de Janeiro :
Best Business, 2023.
   il.

   ISBN 978-85-7684-860-8

   1. Publicidade. I. Título.

15-19262

CDD: 659
CDU: 659

Texto revisado segundo o Acordo Ortográfico da Língua Portuguesa de 1990.

Storytelling
Copyright © 2015 by Adilson Xavier

Capa: Igor Campos
Editoração eletrônica: Ilustrarte Design

Todos os direitos reservados. Proibida a reprodução,
no todo ou em parte, sem autorização prévia por escrito da editora,
sejam quais forem os meios empregados.

Direitos exclusivos de publicação em língua portuguesa para o Brasil
reservados pela
EDITORA BEST BUSINESS um selo da EDITORA BEST SELLER LTDA.
Rua Argentina, 171, 3º andar – São Cristóvão
Rio de Janeiro, RJ – 20921-380

Impresso no Brasil

ISBN 978-85-7684-860-8

Seja um leitor preferencial Record.
Cadastre-se no site www.record.com.br
e receba informações sobre nossos
lançamentos e nossas promoções.

Atendimento e venda direta ao leitor
sac@record.com.br

"Ser uma pessoa é ter uma história para contar."

Isak Dinesen

Sumário

O FIO DA MEADA: Três definições originais de storytelling, e uma importada 11
Por que essa história toda agora? 12

Parte I
UMA BREVE HISTÓRIA DA HISTÓRIA 23

Capítulo 1: DUAS TORRES 25
Torre de Babel — Versão bíblica da globalização 26
Franz Kafka — Babel em versão estendida 28
O que essas três histórias têm em comum? 30
Capítulo 2: HISTÓRIAS QUE NOS EXPLICAM O QUE SOMOS 33
Capítulo 3: MESTRES DO STORYTELLING 37
Legião de super-heróis 39
Conexão 41
Caminho 44
Capítulo 4: NAS PROFUNDEZAS DA HISTÓRIA 47
Duas histórias fictícias, duas guerras de verdade 49
Sem história, sem vida 51
Capítulo 5: REALIDADE x FICÇÃO — Onde está a verdade? ... 53
Imaginação e fantasia 57

 Realidades consistentes.. 58
 Estidade e plausibilidade... 60
Capítulo 6: QUALIDADE ARQUETÍPICA.. 69
 Narratologia 70
 Os arquétipos... 72
Capítulo 7: ESTRUTURANDO A HISTÓRIA 81
 Ideia.. 83
 Narrativa é o nome do jogo... 85
 Objeto do desejo.. 88
 Transformação... 90
 Tempo... 90
 Uma questão de ritmo...93
 Conflito — O poder dos vilões 96
 Dilema, escolha o seu.. 98
 Vamos por partes 99
 Fórmulas 101
 Os muitos meios de se contar uma história.......................103
Capítulo 8: UM MUNDO COM BILHÕES DE PROTAGONISTAS... 105
 Linha do tempo.. 107
Capítulo 9: SIGNIFICADO.. 109

Parte II
MARCAS QUE CONTAM 115

Capítulo 10: CADA MARCA QUE CONTE A SUA 119
Capítulo 11: UMA LIVRARIA À BEIRA DO SENA...................... 123
Capítulo 12: PEQUENOS GRANDES MUNDOS 131
Capítulo 13: TEMÁTICOS.. 135
Capítulo 14: DISNEY — Simples como desenhar um rato 137
Capítulo 15: APPLE — O poder da tentação............................. 145

    Nasce um ícone 147
    Macintosh 150
    O vilão 153
    Deixando de ser Davi, fugindo de ser Golias 157

Capítulo 16: NIKE — Treinar, competir, vencer 161
    Uma ideia que veio correndo 162
    Protagonistas 163
    Vilão 165
    Parceria de alta performance 166
    Politicamente incorreto 169
    Uma história que se alimenta de desafio 171

Capítulo 17: COCA-COLA — Felicidade dentro de uma
    garrafa 177
    A misteriosa fórmula 178
    Acreditando em Papai Noel 179
    Amigos ursos 180
    Estado da arte 180
    O antagonista 183
    Discursos borbulhantes 187
    Happiness Factory 189
    Onipresença 190

Capítulo 18: JOHNNIE WALKER — Sob a mesma direção 195

Capítulo 19: RED BULL —Touro vermelho, OK. Mas voador?... 201
    Escapando dos padrões 203
    Música energizada, filmes e games eletrizantes 205
    Stratos 206
    De que negócio estamos falando, afinal? 207

Capítulo 20: HAVAIANAS — Rasteirinha, mas de salto alto 209

Capítulo 21: DIESEL — Movida a ideias alternativas 215
    For successful living 215
    E a provocação virou filosofia. 218

Capítulo 22: VEÍCULOS — Por onde têm andado?.................. 223
    Ford e General Motors....................................... 224
    Volkswagen 228
    Fiat... 230
    BMW, Mercedes e outros luxos............................233
    Sobre duas rodas, um fenômeno............................235
Capítulo 23: QUANDO O PRODUTO É A HISTÓRIA.................. 239

Parte III
HISTÓRIA QUE NÃO ACABA MAIS... 251

Capítulo 24: HISTÓRIAS CRUZADAS: EU, VOCÊ E NOSSAS MARCAS 255
Capítulo 25: TRANSMÍDIA STORYTELLING 259
    Sua história é música.. 262
    Bing Bang 264
    Criação de universos.. 266
Capítulo 26: GAMIFICAÇÃO..269
Capítulo 27: IGREJA CATÓLICA APOSTÓLICA TRANSMIDIÁTICA ROMANA 273
    Pelas ruas, páginas e telas 276
    Cidades e mais cidades, até um Estado totalmente seu......279
    Tudo a partir de um livro 280
    Marcas pregadoras 283
Capítulo 28: TELLERS, BUILDERS E DOERS............................. 289
Capítulo 29: PRÓXIMOS CAPÍTULOS 293

BIBLIOGRAFIA.. 301

O FIO DA MEADA

Três definições originais de storytelling, e uma importada

———

Não gosto de definições. Quero me livrar o quanto antes dos conceitos e da perigosa carga de "palavra final" a que um trabalho como este me expõe. E só me atrevo a começar o livro por este capítulo, com o risco de afugentar o leitor, porque reconheço que definir logo o tema central nos poupa de muitos desencontros e nos dá a relativa segurança de um GPS quando visitamos território desconhecido.

Para início de conversa, não tenho um ponto de vista claro sobre o que seja storytelling. Tenho três. Esboçados, refletidos e esculpidos com atenção mais artesanal do que acadêmica.

Aí vão eles. Bom proveito!

Definição pragmática:
Storytelling é a tecnarte de elaborar e encadear cenas, dando-lhes um sentido envolvente que capte a atenção das pessoas e enseje a assimilação de uma ideia central.

Definição pictórica:
Storytelling é a tecnarte de moldar e juntar as peças de um quebra-cabeça, formando um quadro memorável.

Definição poética:
Storytelling é a tecnarte de empilhar tijolos narrativos, construindo monumentos imaginários repletos de significado.

Repare que uma mesma palavra híbrida aparece nas três definições. É que entendo ser inevitável a mistura de técnica com arte quando lidamos com histórias. O que não me impede de aplaudir opiniões diferentes, como a do espanhol Antonio Núñez, que, em seu livro ¡*Será mejor que lo cuentes!*, define storytelling como "uma ferramenta de comunicação estruturada em uma sequência de acontecimentos que apelam a nossos sentidos e emoções". Acrescentando logo em seguida que essa ferramenta, "ao expor um conflito, revela uma verdade que aporta sentido a nossas vidas". Sem dúvida, uma conceituação brilhante.

Quatro opções: três definindo storytelling como tecnarte, uma definindo como ferramenta. Escolha a que lhe soar melhor e siga em frente. Se tudo correr bem, ao final do livro você terá elementos para formular sua própria definição, e provavelmente estará convencido de que ninguém precisa de definições para ser um bom contador de histórias.

Por que essa história toda agora?

Junho de 2014. Copa do Mundo acontecendo no Brasil. Festival Internacional de Criatividade acontecendo em Cannes. Embora ainda predominantemente frequentado pelo mundo da propaganda, o festival atrai crescente presença de empresários de vários setores em busca de comunicação mais eficaz e aborda outros tipos de criatividade além da estritamente publicitária. Como acontece com cada vez mais intensidade, os seminários e debates ganham espaço sobre a mostra competitiva.

De que tratam essas apresentações que lotam os auditórios do Palais? Pensou em futebol, marketing esportivo e assuntos afins? Errou.

Disputando a atenção de milhares de delegados do mundo inteiro, destacam-se os temas: #Live Storytelling (apresentado em duas sessões diferentes pelo Twitter), Meet The Disruptors: Spike Jonze And Gaston Legorburu On Building Worlds With Technology And Story (apresentado pela Sapientnitro), Is Mobile The First And Ultimate Storytelling Screen? (apresentado pela MMA), The Extended Story (apresentado pela The Project Factory), Storytelling With Story Creators (apresentado pelo *The New York Times*), The Art Of Storytelling On Youtube, With Dreamworks Animation And Vice Media (apresentado pelo YouTube em duas sessões), The Power Of Story (apresentado pela Time Warner Inc.), The Truth About Universal Storytelling — How And Why Creative Ideas Travel (apresentado por McCann World Group e The Paley Center for Media), Combining Stories, Technology And Cultures: An Experiment In Different Creativity (apresentado pela Party), How To Become A Visual Storyteller (apresentado pelo Tumblr em duas sessões), Bands, Brands And Fans — How Collaboration Is Driving Music Creation And Brand Storytelling (apresentado pela Moxie). Onze temas tratando de storytelling no título, fora os que também passaram pelo assunto sem enunciá-lo, como Art, Copy & Code Create The Future Series: Creating Mobile-First Film (apresentado pelo Google) e Alan Rusbridger In Conversation With Ralph Fiennes (apresentado pelo *The Guardian*), entre outros. Concentração bastante expressiva para apenas uma semana de evento em que tantos aspectos da criatividade e da comunicação desfilam pela Croisette.

Não é por acaso que a mais antiga forma humana de troca de experiências tornou-se a quase-novidade que tanto interesse tem despertado em gente de tão variadas profissões. Criadores e produtores de conteúdo de entretenimento e cultura, profissionais de marketing, de publicidade, de vendas, de jornalismo, de ensino, de política, de qualquer atividade que lide com apresentações de ideias ou projetos de repente percebem no storytelling uma questão de fundamental importância. Esse clique coletivo, abrupto como todo clique que se preza, coincide com o momento em que as narrativas clássicas dão sinais de fragilidade, criando confusão em nossas histórias individuais e consequentes crises de identidade.

Nosso cenário, antes restrito a pequenas localidades, ficou do tamanho do mundo. As famílias assumiram configurações múltiplas, deixando de ser o ambiente inviolável onde atuavam os personagens mais importantes. As religiões ou se imediatizam ou perdem terreno para necessidades mais imediatas, que se multiplicam alucinadamente, sufocando as buscas transcendentais. As escolas sofrem para despertar o interesse dos alunos, insistindo em velhas fórmulas que não acompanham a velocidade contemporânea. Profissões e negócios desaparecem, outros surgem.

As relações de trabalho passam a ter menos envolvimento, menos duração, menos segurança.

As relações afetivas, profissionais, sociais, políticas, ideológicas e espirituais, que historicamente deram nitidez ao perfil de cada pessoa, esfumaçaram-se, tornaram-se instáveis.

Tudo o que era sólido se fragmentou e está virando líquido. Até conceitos como nacionalidade perdem substância quando a globalização espalha as mesmas marcas, modas, hábitos e gostos por todos os cantos do planeta, quando a homogeneização nos priva do prazer de sermos surpreendidos, deixando em nós uma fome ambivalente, de individualidade e coletividade.

O clique deflagrador da revitalização do storytelling acontece no momento em que o mundo digital se estabelece definitivamente entre nós, trazendo novas conexões, novas oportunidades de expressão, novos poderes, novas incertezas: uma realidade em que todos se tornam geradores de conteúdo e unidades de mídia ao mesmo tempo.

Diante de um computador, tablet ou smartphone, cada um de nós registra sua história via redes sociais, narra o que está vivendo, testemunhando ou inventando, o que quiser. Milhões e milhões de histórias lutando por um lugar ao sol na bombardeada memória das pessoas, buscando ser lembradas, admiradas, compartilhadas, multiplicadas. Histórias de indivíduos, grupos, nomes e marcas, tudo misturado.

De uma hora para outra, passamos a ter duas vidas: uma real, outra virtual. E elas se entrelaçaram de tal maneira que já não temos certeza dos limites que as separam. No trio dos instintos básicos de preservação da espécie, a conexão (*gre-*

garismo) vê ampliada sua relevância ante a *sobrevivência* e a *procriação*. Sai de pauta o controle da natalidade, chega com força máxima o descontrole da conectividade, e todos se deliciam com a fartura nunca antes experimentada de momentos de comunicação, em uma corrida de regras ainda não claras que, como sempre, só tem lugar no pódio para os mais aptos e adaptáveis. Apenas um fato parece indiscutível nesse complicado cenário: os melhores contadores de histórias vencerão.

Altos e baixos

O QUE SOBE	O QUE DESCE
Tecnologia	Afetividade
Opções de entretenimento	Tempo disponível
Volume de informação	Capacidade de retenção
Superficialidade	Profundidade
Expectativa	Atenção

Dentre os muitos altos e baixos da vida moderna, são esses os que nos interessam mais de perto. Abundância de um lado, escassez do outro — balança difícil de equilibrar, mas que se aproxima do ponto ideal quando agrupamos vários ingredientes no mesmo movimento. Não é difícil imaginar, por exemplo, que *tecnologia*, *entretenimento* e *informação*, se reunidos em um mesmo pacote, podem favorecer a captação de *atenção*, a otimização do *tempo*, a *capacidade de re-*

tenção e até mesmo a análise em *profundidade*. Diminuindo a dispersão, aumenta a concentração, o que não chega a ser uma grande novidade.

Nesse exercício concentrador, apenas dois aspectos, exatamente os mais íntimos, ficam de fora: a *expectativa* em alta e a *afetividade* em baixa. "Quanto mais se tem, mais se quer", sabemos desde sempre, o que coloca sobre a *expectativa* alta o peso do seu não atingimento: *frustração, insatisfação*.

No lado da *afetividade* baixa, a consequência é semelhante: *frustração, insatisfação*. Há uma natural expectativa de afetividade em todos nós, o que acaba juntando essas duas pontas. Não por acaso, uma encerra a lista dos altos enquanto a outra inicia a lista dos baixos.

A fartura de recursos, opções e informações parece acelerar uma crescente sensação de tédio e aumenta a certeza de que nosso problema está longe de ser quantitativo. Repare que os itens em alta no mundo contemporâneo pertencem mais ao quadrante objetivo/quantitativo. Portanto, o bom senso recomenda que façamos melhor uso desses aspectos ascendentes e concentremos esforços nos aspectos que estão em baixa, a começar pela *atenção*.

Pergunte a um professor qual é seu maior problema no exercício do magistério. A resposta mais ouvida certamente será o binômio desinteresse/desatenção.

Converse com profissionais que precisam trocar textos com seus colegas de trabalho, qualquer que seja a atividade, e descubra que quase todos reclamarão de suas mensagens não lidas com a devida atenção, das respostas recebidas questionando sobre o que já foi dito na mensagem inicial, da baixíssima probabilidade de leitura até o final de textos com mais de dez linhas.

Consulte jornalistas, escritores, roteiristas, publicitários, e os relatos de desatenção serão assustadores.

A simples existência de uma **Economia da Atenção**, popularizada em 2001 pelo livro de Thomas Davenport e Michael Goldhaber, e antevista por Herbert Simon em 1971, evidencia a gigantesca dimensão do problema. Simon enxergou o óbvio: "O que a informação consome é a atenção dos seus recipientes, ou seja, a riqueza de informação cria uma pobreza de atenção." Desde então, a situação só tem se agravado, levando um número cada vez maior de pessoas a concordar com a frase de Nicholas Negroponte, do Laboratório de Mídia do MIT: **"Não quero quinhentos canais de televisão. Só quero aquele único canal que me oferece o que quero ver."**

Em *Muito além do merchan!*, de Raul Santa Helena e Antonio Jorge Alaby Pinheiro, há um parágrafo que, embora dirigido à publicidade, se aplica a todas as áreas ligadas à comunicação e ao entretenimento:

> Se somarmos os fenômenos da 'dispersão de atenção' e da 'fragmentação da audiência', temos desenhado um pesadelo para todos nós publicitários e profissionais de gestão e marketing. Estes fenômenos somados vêm consolidando a crescente crise de atenção que a publicidade vem enfrentando há alguns anos de forma cada vez mais intensa.

Não é preciso ser um grande expert para perceber que todos os itens "em baixa" de nossa lista estão interligados e são, até certo ponto, interdependentes. Tudo começa com *atenção*, sem a qual o restante se inviabiliza. Se logo após a *atenção* inserirmos algum grau de *afetividade* (ou, se preferirmos, de *emoção*), estará aberto o caminho para uma identidade mais *profunda* entre comunicador e público.

Cabe aqui mais uma expressão traduzida para o linguajar econômico dominante em nossos dias: **Capital Emocional**. Matematicamente falando, nada mais é que o resultado da soma da publicidade com o entretenimento. Foi Steven J. Heyer, presidente da Coca-Cola, quem criou a expressão e afirmou, em discurso na abertura de evento promovido pela revista *Advertising Age*, em 2003: "Vamos utilizar um conjunto de diversos recursos de entretenimento para entrar nos corações e mentes das pessoas. Nessa ordem... Vamos nos deslocar para ideias que tragam à tona a emoção e criem conexões."

Completando a aquarela do economês planetário, surge uma outra economia que, lastreada no Capital Emocional, divide espaço com a Economia da Atenção. Trata-se da **Economia Afetiva**.

Não desista ainda. Prometo que as variações em torno da economia se encerram aqui.

Procurando compreender a base emocional que motiva a tomada de decisão do consumidor tanto para consumo de mídia como para fazer compras, a Economia Afetiva coloca seu foco no ponto onde grandes histórias e grandes vendas se encontram — o botão que, uma vez acionado, faz tudo acontecer ao mesmo tempo.

Pois bem. Ultrapassada a barreira da *superficialidade*, é natural que nos seja concedido mais *tempo*, o que resulta em ainda mais *atenção*. E com esse reforço de *atenção*, qualificado pelo *afeto*, ganhamos ainda mais *profundidade*, chegando ao último e glorioso item: *capacidade de retenção*, que traz a reboque os três grandes prêmios de **ser compreendido**, **ser amado** e **ser lembrado**.

A maneira de cumprir esse difícil percurso é contar uma boa história, que prenda a atenção, envolva com emoção, crie laços profundos com o público, una todas as pontas em um relato compreensível, seja apreciada e lembrada. A ironia do jornalista Joel Achenbach, do *The Washington Post*, é contundente quando ele observa que "a overdose de informação não é o apocalipse que alguns imaginaram que sobreviria ao início do milênio. O mundo não está acabando, simplesmente está se tornando incompreensível".

Vivemos um momento de grandes novidades, que provoca reflexão e exige a tomada de novos rumos: apreciar o quanto de passado se reflete no futuro, redescobrir as histórias que estruturam nossas vidas há tanto tempo e que podem continuar nos ensinando; aprender a degustá-las, criá-las e contá-las de maneira cada vez mais agradável e eficaz.

Histórias dão sentido à vida. Sustentam nossos valores básicos, as religiões, a ética, os costumes, as leis, os múltiplos aspectos culturais que nos cercam. Histórias nos dão segurança, estabilidade grupal, erguem celebridades, empresas e nações. Soa exagerado, mas até isso faz parte das histórias: acentuar os traços para impressionar o público e reforçar pontos de vista. Sem cerimônias, sem preocupação com questões dogmáticas ou controversas de fé, raça, política, o que quer que seja. Sem permitir que nada se interponha entre nós e a análise objetiva das histórias que nos levam a acreditar mais em um modelo do que no outro, mais em uma linha de raciocínio do que na outra, mais nesta marca do que naquela.

Antes de seguirmos em frente, esclareço que uso a palavra "história" tanto para o ficcional quanto para o factual. "Estória" (*story*, em inglês) nos livraria de eventuais confusões, mas empobreceria a estética e o conteúdo do texto em um de seus pilares mais interessantes: a íntima complementaridade entre realidade e ficção na revelação da verdade. Para todos os efeitos, portanto, história e estória são partes indivisíveis de uma única necessidade de narrar.

Isso posto, vamos à história.

Parte I

UMA BREVE HISTÓRIA DA HISTÓRIA

Capítulo 1

DUAS TORRES

Uma torre muito charmosa se destaca na paisagem de Istambul. Chamam a atenção sua arquitetura arredondada, dando-lhe ares de conto de fadas, e a posição estratégica, que, a despeito da relativamente baixa estatura, permite visão privilegiada da cidade. Seria apenas um belo mirante, de onde os visitantes poderiam sair carregados de fotos e suvenires não fosse a história que lhe dá alma.

Daquela torre chamada Gálata, em pleno século XVII, decolou o primeiro homem voador de que se tem registro. Hezarfen Ahmed Celebi, usando o que seriam as precursoras das asas-deltas, com os ventos de sudoeste soprando a favor, sobrevoou o estreito de Bósforo, pousando são e salvo na praça de Dogançilar, em Uskudar, distante cerca de 3,4 quilômetros do ponto de partida.

Entre os muitos boquiabertos com a proeza de Celebi (cujo sobrenome parecia prever seu destino de celebridade) estava o sultão Murad Kahn, conhecido como Murad IV, que, confortavelmente instalado na mansão de Sinan Pasa, em Sarayburnu, podia observar o feito inédito e o efeito que ele causava na plateia.

Concluída a façanha, o primeiro pensamento que ocorreu ao soberano foi premiá-la. Um saco de moedas de ouro foi entregue ao herói que tanto orgulho trazia aos turcos.

O segundo pensamento a lhe assaltar a mente já não era tão dourado quanto o primeiro. Concluindo ser Hezarfen um homem de criatividade e coragem muito acima da média, capaz de fazer praticamente qualquer coisa que desejasse, ainda mais naquele momento em que o povo o idolatrava, entendeu ser perigoso demais mantê-lo por perto.

Resultado: o celebrado Celebi, pouco depois de presenteado pelo sultão, foi por ele exilado na Argélia, onde, desgostoso, morreu.

A Torre de Gálata podia ser apenas um lugar histórico pelo voo que dela partiu. Mas foi além, tornou-se um lugar que tem história, porque o relato do que aconteceu entre o protagonista Hezarfen Ahmed Celebi e o antagonista Murad IV enriquece nosso conhecimento sobre a natureza humana e as complexas relações de poder. É fácil esquecer os nomes dos personagens e lugares, mas a essência dessa história permanece, revestindo Gálata de uma relevância toda especial.

Torre de Babel — Versão bíblica da globalização

As grandes histórias são para sempre. Mas poucas nasceram tão ambiciosas como a da Torre de Babel.

Está no livro do Gênese, lá no comecinho da Bíblia, abrindo o Pentateuco (ou Torá), onde cristãos, judeus e muçulmanos compartilham as mesmas convicções e convivem em perfeita harmonia interpretativa. No capítulo 11, versículos 1 a 9, ergue-se uma pequena coluna de texto que em nada lembra a pretensão do projeto nela descrito. Ali encontramos um grupo de homens estabelecidos em uma planície na terra de Senaar. Tendo aprendido a lidar com tijolos e betume, dizem uns aos outros: "Vamos, façamos para nós uma cidade e uma torre cujo cimo atinja os céus. Tornemos assim célebre o nosso nome..." Lançamento em grande estilo da vaidade arquitetônica, do empreendedorismo em busca da fama e do apetite pelo crescimento desmedido que permanecem entre nós até hoje.

O que acontece em seguida? Deus desce para ver a cidade e a torre ainda em construção, não gosta do que vê e, voltando ao seu trono celestial, diz no plural, como se a Santíssima Trindade atuasse em forma de colegiado, ou como se Deus estivesse rodeado por uma espécie de ministério angelical: "Eis que são um só povo e falam uma só língua: se começam assim, nada futuramente os impedirá de executarem todos os seus empreendimentos. Vamos: desçamos para lhes confundir a linguagem, de sorte que já não se compreendam um ao outro."

A forma descontraída que uso para descrever a passagem bíblica pode soar desrespeitosa, mas busca apenas sublinhar o quanto a questão estilística se faz presente. Sendo o livro do Gênese o que descreve a origem do mundo e da humanidade, tão repleto de mitos que Luiz Paulo Horta o aponta como o que maiores dificuldades traz ao leitor moderno, temos o alívio de imaginar que as diversas fontes coletadas para a sua formação, influenciadas por uma imagem de Deus associada aos monarcas da época e não à figura paterna transmitida pelo Novo Testamento, "erraram na mão" ao descrever um

Criador que se opõe ao progresso humano, como de alguma forma já o fizera antes com a proibição da maçã (fruto da árvore da ciência do bem e do mal) a Adão e Eva. Mas o que realmente importa é a precisão da narrativa ao apontar uma verdade incontestavelmente incômoda: nossa dificuldade em lidar com as barreiras das diferenças para realizar um projeto comum, aliada aos problemas que vaidade e ambição sempre acabam nos trazendo.

Verdade. Este é o grande tesouro a ser extraído de toda história, especialmente as ficcionais. Uma boa história tem que ser verdadeira, mesmo quando totalmente inventada.

Franz Kafka — Babel em versão estendida

Foi em um conto, "Das Stadtwappen", vertido para o inglês como "The City Coat of Arms" e sem tradução conhecida para o português.

Publicada postumamente em 1931, a visão de Kafka sobre a famosa torre acrescenta elementos muito interessantes ao fracassado processo de construção.

Era Praga que o autor tinha em mente com sua crítica, mas, como costuma acontecer com tudo que é honestamente focado, o micro se aplicou ao macro, e sobrou para todo o mundo.

A Babel de Kafka começa enaltecendo que tudo estava bem organizado, talvez até excessivamente, para o início do empreendimento. Ressalta, por exemplo, a grande atenção dada a guias, intérpretes, acomodação de trabalhadores e sistemas de comunicação, como era de se esperar em um inédito projeto multinacional que pretendia marcar de forma indelével a história da humanidade.

Da estrutura, passa-se ao conceito: "Construir uma torre que chegue até o céu." Cem por cento alinhado com o que diz a Bíblia, exceto por não aludir à participação de Deus no enredo. O rigor focal é sublinhado na frase que vem logo após o enunciado do conceito: "Beside that idea everything else is secondary" (Perto daquela ideia, tudo o mais é secundário).

Tudo bem, até que surge o primeiro entrave. O pessoal envolvido no projeto considera que o conhecimento humano está aumentando, que a arquitetura tem progredido e continuará evoluindo, que dali a cem anos um trabalho que na época levava um ano para ser feito poderia talvez ser executado na metade do tempo, e mais, executado com maior qualidade e segurança. A obra só faria sentido, portanto, se a torre fosse erguida dentro de uma única geração, o que, dada sua complexidade, estava fora de questão. Justificavam esse veredicto pressupondo que a geração seguinte, com seu know-how aperfeiçoado, acharia insatisfatório o trabalho da geração anterior e derrubaria o que até ali fora construído para começar do zero.

Criado o impasse execucional, as pessoas acabaram se preocupando menos com a torre do que com a construção da cidade que abrigaria os trabalhadores incumbidos de construí-la. E, nesse processo, cada nacionalidade (não nos esqueçamos de que se tratava de um empreendimento global) tratou de pleitear para si os melhores pedaços da cidade, o que deu origem a disputas e conflitos sangrentos.

Perdida a necessária concentração na tarefa principal, a torre seria construída muito lentamente. Melhor adiá-la até que chegassem a algum acordo de paz.

Assim se passou a primeira geração. Da mesma forma se passaram as gerações seguintes. E nada mudou de uma geração para outra, exceto o aumento da capacidade tecnológica e da beligerância entre os povos.

Kafka ressalta que, lá pela segunda e terceira gerações, o absurdo de se construir uma torre até o céu já era amplamente reconhecido. Mas, àquela altura dos acontecimentos, todos já estavam tão ligados ao projeto que ninguém conseguia deixar a cidade.

Se o relato bíblico soa como maldição, Kafka o complementa com maestria, ampliando a maldição a níveis facilmente reconhecíveis como verdadeiros. É assim que a humanidade vem caminhando desde sempre, metendo-se em labirintos que, de tão trágicos, resvalam no cômico. Cada avanço traz consigo novas complicações, acrescentando mais curvas ao imenso labirinto em que nos movemos. No fundo, nada realmente muda, exceto, como bem pontuou o gênio tcheco, a tecnologia e o grau de violência. Será mesmo?

Talvez tenha faltado uma janela para arejar a condenada torre: a janela que se abre sobre a evolução dos valores éticos, humanitários e ecológicos, por exemplo.

O que essas três histórias têm em comum?

Na descrição bíblica da Torre de Babel, a motivação de Deus para confundir os construtores é a mesma do sultão Murad IV para exilar Hezarfen Ahmed Celebi. Ambos agem preventivamente contra ações criativas de quem, segundo sua percepção, se transforma em potencial ameaça a seu poder.

A Babel de Franz Kafka poderia teoricamente estar na Bíblia, claro, se fosse criada antes de Cristo, a tempo de ser selecionada para o Antigo Testamento. Sua história é bem mais verossímil, convincente e com o mérito adicional de não colocar Deus na incômoda posição de vilão vulnerável.

Apesar disso, a Babel bíblica é infinitamente mais conhecida do que a de Kafka. Mesmo não tendo existência física, ela também é muito mais famosa que a Torre de Gálata. Uma torre imaginária, mais concreta na mente da humanidade do que uma torre construída há vários séculos, que existe até hoje, é ponto turístico e, ainda por cima, tem relevância histórica. Por quê?

A resposta imediata é religião. Babel bíblica, pelo simples adjetivo que a acompanha, dispara na frente de qualquer outra torre ou versão. Mas não podemos desconsiderar as qualidades que a levaram a participar do Livro Sagrado. Imagino que a narrativa da famosa torre tornou-se elegível pelo fato de explicar um aspecto importante da vida, de maneira simples e direta, a um povo que na época não dispunha de conhecimento e recursos científicos para enxergar a complexidade evolutiva da humanidade. Dizer que a variedade de idiomas decorre de um projeto arquitetônico fracassado, e reforçar a ideia de que pretensões grandiosas nos colocam em conflito com o Altíssimo resolvia vários problemas ao mesmo tempo. A elasticidade do conceito de confusão linguística para os eternos desentendimentos humanos encarregou-se de manter a contemporaneidade da história ao longo dos séculos. E os detalhes... ah, são apenas detalhes, tão desimportantes que pouca gente os conhece, e, quando conhece, não os destaca. Digamos que Babel se trata de uma alegoria explicativa, sem pretensão real de esclarecer, mas com inegável capacidade de ficar na memória e colocar um rótulo de "indesejável" em nossas ambições desmedidas.

Observando com foco mais apurado, tanto a Babel bíblica quanto a Babel de Kafka e a Torre de Gálata (convidada especial off-bíblica) — cada uma a seu modo, e dentro das proporções cabíveis — tratam dos empreendimentos que nos levam às alturas, dos perigos que cercam esses empreendimentos e do principal combustível desses perigos: nossa imensa dificuldade de comunicação.

Capítulo 2

HISTÓRIAS QUE NOS EXPLICAM O QUE SOMOS

A Bíblia está cheia delas. Não por acaso tornou-se o maior best-seller de todos os tempos. A inveja levando ao fratricídio entre Caim e Abel, a vaidade e a luxúria exaurindo a energia de Sansão, a valorização da paciência em Jó, a superação da força bruta de Golias pela coragem e inteligência de Davi, nossa origem divina, a insistência em comer do fruto proibido nos criando dificuldades... um sem-número de lições arquetípicas que culmina com o relato da vida de um herói salvador, que enfrenta inimigos poderosos, é entregue a eles por ação de um traidor, torturado até a morte pelos antagonistas, abandonado pelos amigos na hora crucial, e, nos últimos capítulos, premia o público com uma grande virada redentora. Um livro contendo histórias inspiradoras nos diz de onde viemos e para onde vamos, organizando o caos de nossas inquietações com "explicações" sem respaldo racional, mas que, pelo simples enunciado de conceitos alinhados com nossas expectativas mais profundas, vem, há mais de um milênio, funcionando como guia e bálsamo para as ansiedades existenciais que nos perseguem.

Não me alinho com os que classificam a Bíblia como um romance, embora não veja como necessariamente ofensiva a opinião dos que assim a consideram. Religiosidade à parte, é incontestável que se trata de uma coletânea de textos transmitidos oralmente ao longo de um amplo período de tempo, selecionados com a finalidade de compor uma ideia central e escritos em uma enorme variedade de estilos literários. Ensaios filosóficos, poemas, cartas, textos legislativos, fragmentos de epopeia, listas genealógicas, narrações históricas, narrações romanceadas, sermões, oráculos proféticos e até um canto de amor, tudo se mistura no livro cujo título "Bíblia" sinaliza sua vocação de representar todos os livros. Nele são descritas desde cenas de sensualidade, violência, incesto, uma extensa gama de homicídios e barbaridades múltiplas, até milagres, e exemplos de sacrifício pessoal, generosidade, sabedoria, astúcia, perseverança e bravura. É com essa diversidade de histórias que a Bíblia se mantém viva como manual de instrução do cristianismo. E, se considerarmos que sua primeira parte, o Antigo Testamento, é também a base do judaísmo e do islamismo, fica patente seu status de grande balizador ético-religioso da humanidade.

Assim, uma forma de barro esculpida no Éden, sob o efeito do sopro divino, tornou-se Adão (nome derivado de "adama", terra em hebraico). Da costela retirada desse primeiro homem fez-se Eva, e, criado o primeiro casal, a narrativa nunca mais parou de render filhotes. Uma história fantástica que, convenhamos, só os muito radicais podem assumir como factual, a ponto de contrapô-la a teses científicas como a Teoria da Evolução. Mas, antes de tudo, uma história que veio para ficar, através dos séculos, em sucessivas gerações de corações e mentes. Não por necessariamente acreditarmos em seus detalhes, mas por sua essência. Ali, no capítulo de abertura do Gênese, se encontra a matriz de nossa autoimagem transcendental: *No princípio, Deus criou*. Autoimagem, aliás, é o benefício mais buscado na literatura, segundo Henry James. Em 1884, ele já definia que "a constante exigência humana pelo que o romancista tem a oferecer é simplesmente a carência comum por um retrato. O romance é, de todos os retratos, o mais abrangente e elástico".

Mas, afinal, a Bíblia foi ou não escrita por inspiração divina? Claro que sim. Aos não religiosos, basta considerar que todo trabalho criativo advém dessa inspiração que nos vem do alto, ou de dentro, de onde quer que julguemos ser a localização de Deus, e absorver o quanto de complexidade e sabedoria salta de seus capítulos e versículos. Nunca é demais relembrar que a fé está para a certeza assim como a imaginação está para o conhecimento. Ou seja, acreditar em algo é uma confissão de incerteza; fé e imaginação pertencem, portanto, à mesma família. E, para arrematar nossa reflexão com poesia, nada como relembrar Fernando Pessoa, através de seu heterônimo Ricardo Reis, nos ensinando que "nada se sabe, tudo se imagina".

Capítulo 3

MESTRES DO STORYTELLING

Os primeiros narradores de sucesso mundial eram homens e judeus.

Deus é pai, não mãe. Enviou-nos seu único filho, não filha. Antes disso, todas as negociações entre a humanidade e a divindade foram intermediadas pelos grandes profetas, com destaque para Abraão e Moisés, e o "povo escolhido" não cessava de louvar seus dois soberanos mais queridos: Salomão e Davi. Às mulheres, a despeito das passagens marcadas pela beleza poética, restavam predominantemente papéis coadjuvantes, e em grande parte negativos. Eva colocou tudo a perder, empurrando Adão para o pecado. Dalila iludiu Sansão, descobriu seu segredo e exauriu suas forças. Salomé deu um jeito de pedir a cabeça de João Batista. Salvo raras e honrosas exceções, as mulheres bíblicas ou carecem de proteção masculina e choram, desamparadas, ou provocam a desgraça dos machos. São abundantes também os relatos de famílias se maldizendo por não terem gerado bebês do sexo masculino, a ansiedade e as questões hereditárias em torno do primogênito, a crença de que o nome e o sangue da família só seguem adiante através dos varões. As consequências jurídicas da primogenitura masculina mostraram-se resistentes ao tempo, reverberando em alguns pontos do planeta em pleno século XXI.

Por causa dessas narrativas, que obviamente retratam a situação sociocultural de um momento histórico, as mulheres continuam lutando até hoje para superar um sem-número de injustiças que ainda lhes são impostas. Em determinadas culturas, continuam obrigadas a se cobrir como tentações ambulantes; andam atrás dos homens como seres de segunda classe, muitas vezes sem direito a participar de conversas. Em praticamente todas as culturas, sofrem mais para atingir altos cargos e para receber salários equiparados aos de homens ocupando as mesmas posições; são vítimas de preconceitos e violências de toda ordem. Isso depois de conquistas relativamente recentes, como a de votarem e serem votadas, possibilitando um número crescente, embora ainda modesto, de mulheres na presidência de países e empresas. Histórias são poderosas, desconstruir as ideias consistentemente implementadas por elas leva tempo.

Deixando de lado o machismo, encontramos a questão da raça. Que outro povo se intitularia "escolhido" se não o povo que primeiro contou a história?

Não é de se estranhar também que o paraíso seja descrito na Bíblia como a nova Jerusalém celeste, cidade durante algum tempo considerada como o centro do planeta. A geografia e a situação sociopolítica da época de Cristo impregnam as narrativas bíblicas, situando-as em nossos escaninhos mentais reservados ao factual e dando-lhes um valioso revestimento de estidade (aspecto que abordaremos mais adiante).

Legião de super-heróis

O que há de comum entre Super-Homem, Batman, Capitão América, Homem-Aranha, Hulk, Homem de Ferro, Thor, X-Men e o Quarteto Fantástico?

Todos surgiram na Golden Age dos quadrinhos, entre 1933 e 1963. Todos foram gerados em um momento de insegurança mundial, sob o impacto da Segunda Grande Guerra. E todos foram criados por judeus.

Joe Shuster e Jerry Siegel nos deram o Super-Homem, que alguns analistas consideram uma referência a Moisés: o menino abandonado à própria sorte em uma terra estranha, salvo e adotado por acaso, que se descobre com poderes especiais, tornando-se responsável por livrar seu povo de vários perigos, e revelando-se um grande líder.

Bob Kane, ainda que sob acusações de omitida coautoria, é o pai do Batman. Da luminosidade interplanetária para as sombras da caverna, do personagem de aço com visão de raio-X para o aristocrata que deposita sua força na astúcia, na potência do batmóvel, nos recursos tecnológicos instalados em seu esconderijo e no sempre surpreendente cinto de utilidades.

E o brilhante Stan Lee encarregou-se de todos os demais, desde o óbvio Capitão América, com seu imbatível escudo (qualquer semelhança com a participação dos Estados Unidos na guerra contra o nazifascismo não é mera coincidência), até o mitológico Thor, com seu inseparável martelo. Passando pelos beneficiados por interferências científicas acidentais, como Homem-Aranha e Hulk, e pelo turbinado Homem de Ferro, que habilmente conseguiu escapar de comparações diretas com o homem de aço kryptoniano. Fecham sua galeria de criações memoráveis os primeiros super-heróis coletivos: X-Men e Quarteto Fantástico.

Por que todos esses criativos seriam judeus? Porque estavam especialmente pressionados pela perseguição hitleriana? Digamos tratar-se de um evidente aspecto motivacional, mas não é a melhor resposta.

Olhando para o grande quadro, desde a Bíblia até os dias de hoje, não me ocorre nada mais honesto do que simplesmente reconhecer que os judeus são "os melhores storytellers do planeta".

Por que eles, e não outros povos? Talvez pelas dificuldades que lhes foram impostas em sua trajetória através dos séculos, acentuando a necessidade de uma coesão especial que só o compartilhamento de histórias consegue proporcionar. Talvez por características específicas, como seu longo nomadismo, o convívio constante com a aridez, a diáspora demandando um terreno de histórias em que pudessem pisar sem sobressaltos. Talvez por esses e outros aspectos somados, ou mesmo — por que não? — por terem sido realmente "escolhidos" para essa nobre tarefa.

E a vocação narrativa judaica tem sido exercida em toda sua plenitude. Luis Fernando Verissimo, em crônica publicada no jornal *O Globo* de 14 de julho de 2013, compara dois escritores judeus muito afastados um do outro, histórica e geograficamente: Moacyr Scliar e o nosso já visitado Franz Kafka. A partir da declaração de Moacyr de que Kafka fora sua maior influência literária, Verissimo analisa:

Como as histórias do Kafka e como, no fundo, toda a literatura judaica tradicional ou moderna, as histórias do Scliar têm um tom de parábola, de ensinamento bíblico, se você conseguir imaginar uma Bíblia sem religião. São parábolas sem uma moral no fim. Têm a forma de uma narrativa didática, inspiradora ou aterrorizadora, mas sem uma clara lição no final.

O Scliar e o Kafka têm em comum não apenas o fato de serem ambos judeus urbanos com um pendor para o fantástico e o insólito, mas por compartilharem desta compulsão, característica da cultura judaica, de contar histórias que significam mais do que elas mesmas, histórias que significam outras histórias, escondidas, e brincam com analogias e símbolos antigos desta cultura.

Tanto domínio narrativo só pode ser atingido por quem conhece a fundo a alma humana, e nessa hora não podemos nos esquecer de Sigmund Freud, pai da psicanálise, que buscou um significado único para todos os males que atingem nossa psique.

A extraordinária performance dos judeus no campo do storytelling, independentemente dos fatores que a antecedem e tentam justificá-la, converge para o mesmo ponto perseguido por Freud que, no final das contas, é a razão de ser de toda história: *a busca por significado*. Dar significado à nossa existência, às pessoas e coisas que nos cercam é a meta que buscamos desde sempre. Quanto mais nos aproximamos dela, mais perto chegamos da felicidade.

Conexão

Palavra muito repetida em nosso dia a dia informatizado, a conexão a que nos referimos aqui vai muito além do que a tecnologia pode oferecer. Elo imprescindível para a construção de histórias poderosas, ela é pressuposto de qualquer espécie de comunicação que funcione. A conexão acontece em dois polos simultâneos: o **emocional** e o **cultural**. Sem emoção, qualquer que seja (humor também é emoção, vale relembrar), não existe boa comunicação nem boa história. Em *Lovemarks*, Kevin Roberts registra que "a emoção tornou-se assunto legítimo de pesquisas sérias. Quando os cientistas se envolvem com a emoção, não demora muito para provarem o que era óbvio para qualquer um que tenha se interessado em observar". E conclui:

> As pessoas estão à procura de conexões novas e emocionais. Elas procuram algo para amar [...] Só existe uma forma de prosperar como profissional de marketing na Economia da Atenção: parar de correr atrás de modismos e dedicar-se a estabelecer conexões consistentes e emocionais com os consumidores. Se você não representa nada, falha em tudo.

No polo cultural, que também traz em si alguns volts de carga emocional, verificamos que, sem elementos de referência que acrescentem relevância e identificação ao que se está dizendo, nada acontece. Uma boa história nos fisga nesses dois pontos e nos mantém conectados com ela.

As histórias contadas por Jesus aconteciam em uma região onde predominavam atividades agropastoris. Daí as alusões ao bom pastor, às sementes lançadas na estrada, à videira com seus ramos etc. Uma realidade totalmente distante da nossa, mas que nem por isso nos desconecta.

Por quê?

Primeiro, porque revela autenticidade, não tenta uma amplitude imediata que poderia levá-la a se perder. Segundo, porque não trata em última instância daqueles elementos circunstanciais, mas da natureza humana e dos significados que tanto desejamos encontrar.

O filósofo espanhol Ortega y Gasset resume muito bem a questão da autenticidade e identidade quando diz que "eu sou eu e minha circunstância". E outro espanhol, Miguel de Unamuno, vai mais fundo na aplicação desse princípio da identificação ao universo literário, propondo a seguinte reflexão: "Por que, ou seja, para que se escreve um romance? Para se escrever o romancista. E para que escrever o romancista? Para escrever o leitor, para se tornar um com o leitor. E é só se tornando um que o romancista e o leitor do romancista se salvam, ambos, de sua solidão radical. Na medida em que se tornam um, eles se atualizam e, atualizando-se, eternizam-se."

Impossível precisar o momento exato em que a conexão deve acontecer. Quanto mais cedo, melhor. Como em qualquer contato humano, estamos falando da primeira impressão, do olhar provocador, do sorriso cativante, do gesto que atrai e nos faz sentir à vontade com o outro. Na escassez de tempo e fartura de opções em que vivemos, é fundamental cativar o público logo nas primeiras linhas, prometer com um bom começo que há algo muito interessante nos aguardando no final da história. Sedução, convite, promessa de uma experiência especial são elementos essenciais de uma boa história. Feito isso, resta cumprir a promessa.

Em carta a um pupilo que lhe pede parceria em um projeto literário, o escritor e professor australiano Michael Pryor ensina: "O início de uma história tem que fazer muitas coisas, mas prioritariamente ele deve interessar ao leitor. Se um leitor fica entediado pela maneira como a história começa, ele pode simplesmente desistir e não ler o resto. Isso é um desastre para o escritor."

Começar errado pode desconectar o narrador de seu público. Desconectados, abortamos a história.

Caminho

Uma das metáforas mais utilizadas para a vida é a do caminho. Falamos frequentemente nas *estradas da vida*. Em nossa *caminhada*, fazemos *cursos* para estarmos bem preparados para a *trajetória* profissional que escolhemos, conscientes de que o melhor jeito de aprender é *passo a passo*, sem nos deixarmos abalar por eventuais *tropeços* ou *acidentes de percurso*.

No século VI a.C., enquanto a filosofia grega surgia na Europa, o taoísmo corria em paralelo na China, coincidindo com os filósofos gregos na abordagem de algumas questões fundamentais, como a busca da estabilidade em um mundo que se transforma constantemente. O que isso tem a ver com nossa conversa? O fato curioso de que "tao" significa "caminho". Uma doutrina filosófica ancestral, que poderia ser traduzida como "caminhismo", merece especial atenção quando analisamos esse ponto de vista narrativo.

Viver é basicamente caminhar, do nascimento até a morte. Um esboço de autobiografia nos levaria certamente a lembranças queridas e traumáticas da infância, episódios e pessoas marcantes na vida estudantil, os grandes amores pontuados pelos primeiros grandes momentos, surpresas e decepções, os sucessos e fracassos profissionais, os aliados e oponentes com quem nos deparamos, e as histórias de outros personagens que, cruzando com as nossas, influenciaram seu desenvolvimento e desenlace.

Estamos todos empreendendo uma viagem que, conforme avança, aumenta nossa bagagem de experiências, nos obriga a tomar decisões em várias encruzilhadas, e muitas vezes nos coloca em rota de colisão com outros viajantes. Não por acaso o documento que orienta a realização de um filme recebe o mesmo nome daquilo que fazemos quando nos propomos a percorrer um longo trajeto: roteiro.

Quando buscamos a ajuda de um psicanalista, o principal benefício esperado é a visão clara do roteiro de nossa vida, para não perdermos o rumo.

Encurtando nossa viagem, encerramos este capítulo com mais uma alusão ao mestre do cristianismo. No momento de dar a si próprio um significado, ele se definiu como "caminho, verdade e vida". Não um mapa ou GPS, mas o próprio caminho.

Se quisermos uma história com todos os elementos indispensáveis para se tornar relevante e inesquecível, basta olhar para a vida de Cristo, degustar o quanto de conflito, intriga, entrega, mistério, traição e superação ele encontrou em seu caminho, para enfim compreender por que essa história continua emocionando e mobilizando multidões até hoje.

Como toda caminhada, as histórias têm um destino que, embora nem sempre percebido de imediato, se delineia desde o início. Respondendo sobre seu planejamento narrativo em entrevista concedida ao jornal literário *Rascunho* (junho de 2013), o escritor Wesley Peres nos presenteia com uma rica visão do assunto:

[...] Assim, a narrativa cristã do mundo se orienta rumo à finalidade de atingir um outro mundo, uma outra topologia, um outro espaço; a narrativa marxista do mundo se orienta também pela finalidade de instituir um outro mundo, não utópico no sentido de outro espaço, mas um outro mundo no tempo, num tempo que está por vir, sempre por vir, sempre. Esse movimento narrativo me parece replicado na noção de uma história estruturada em torno de um clímax, um arco narrativo que se quebra sobre si mesmo, determinando obrigatoriamente o fim da história, o apocalipse narrativo — de modo que essa forma me parece um tipo de transcendência, da promessa de que tudo acontece com uma finalidade que ultrapassa completamente o acontecimento, amarrando-o num ponto que justifica cada um e a totalidade dos acontecimentos (esse ponto é o clímax), criando o espírito de sistema, de salvação, afinal tudo fará sentido, pode confiar.

Capítulo 4

NAS PROFUNDEZAS DA HISTÓRIA

Há mais conteúdo em uma história do que imagina nossa vã filosofia.

Tudo começa com a questão proposta por Aristóteles em *A ética*: Como um ser humano deve viver sua vida?

Se você acha que o assunto está tomando um rumo filosófico demais, relaxe. A primeira função de uma história é o entretenimento, ponto pacífico. Só não podemos nos esquecer que *entreter*, além de *distrair* e *divertir com recreação*, também significa *manter*, *conservar*. Manter e conservar o quê? Resposta imediata: aprendizados, tradições. Aprofundando o significado de *distrair*, o dicionário nos apresenta: *atrair ou chamar a atenção de (alguém) para outro ponto ou objeto*. E o outro verbo afim, *divertir*, nos leva a sentidos como: *dissuadir, fazer esquecer*. De um lado, manter e conservar conhecimento. De outro, chamar atenção para outro ponto. E, encerrando a trilogia, dissuadir. Buscamos entretenimento, não apenas por hedonismo, mas também por necessidade de oxigenação espiritual, pertença grupal, socialização, atualização, informação, enfrentamento de nossos medos, segurança emocional, autoconfiança, exploração do nosso imaginário, reafirmação de nossos princípios éticos e morais.

Quantas vezes você se identificou com personagens literários ou cinematográficos a ponto de se colocar no lugar deles? Quanto você deve às histórias que ouviu, leu ou assistiu em termos de conhecimento adquirido sobre guerras, sequestros, tragédias, relações afetivas, dramas familiares, conflitos de toda ordem? Sem precisar correr os riscos daqueles personagens, você aprendeu muito e certamente refletiu sobre o que faria se passasse pelo que eles passaram, que erros evitaria, que atitudes copiaria. Isto tende a dar mais certo do que aquilo, é o que pensamos sobre as escolhas feitas por personagens que nos cativam.

Quantos milhões de crianças aprenderam que vale a pena seguir a orientação dos pais com Chapeuzinho Vermelho? Quantas madrastas são rejeitadas até hoje por causa de Branca de Neve? Quanta esperança de reverter situações adversas foi plantada mundo afora por Cinderela? Aliás, quem ainda não testemunhou a habilidade das crianças em criar personagens? Uma infinidade de amigos invisíveis circula pelo imaginário dos pequenos, assim como são incontáveis as princesas e heróis que enfrentam mil aventuras na pele desses baixinhos cuja capacidade narrativa revela transbordante talento genético.

Toda vez que um profissional ou uma empresa começa de baixo, sem grandes recursos financeiros, mas acreditando no potencial de sua ideia para superar os gigantes já estabelecidos no mercado, podemos creditar ao menos uma fração disso ao duelo de Davi com Golias, e outras frações a "n" histórias que guardamos no coração. De Tarzan a Karatê Kid, passando por Robinson Crusoé, Forrest Gump, Rocky Balboa, James Bond, Indiana Jones... um interminável elenco de personagens, todos sussurram em nossos ouvidos que sempre há uma saída e que nossos sonhos podem se tornar realidade, apesar dos adversários, obstáculos e intempéries que tenhamos de enfrentar.

Duas histórias fictícias, duas guerras de verdade

August Kubizek, amigo de infância de Adolph Hitler, descreve uma ida à ópera, quando o pesadelo aparentemente teria começado. O jovem Adolph tinha apenas 16 anos e foi com August assistir a *Rienzi*, obra de Richard Wagner com cinco horas de duração sobre um heroico tribuno romano. Terminado o espetáculo, Hitler parecia ter tido uma revelação e, com ar profético, falou ao amigo sobre um mandato que haveria de receber do povo alemão para guiá-lo rumo à liberdade.

Poderia ter sido uma bela inspiração juvenil não fossem as frustrações que se sucederam, sua rejeição na escola de artes e tudo que se somou para a formação de uma personalidade doentia e contagiosamente cruel. Mas tudo indica que o estopim que resultou em um dos maiores vilões da humanidade foi um herói fictício embalado pelos acordes de Richard Wagner. Vale lembrar que, além de brilhante compositor, Wagner era um nacionalista exacerbado e antissemita declarado. E que há outros relatos dando conta de que Hitler se considerava um herói wagneriano, com especial predileção por Parsifal, enxergando a si próprio como uma espécie de cavaleiro moderno engajado na luta contra o mal.

Culpa de Wagner? Talvez de Edward Bulwer-Lytton, o escritor que criou Rienzi, cujo livro publicado em 1835 inspirou o jovem compositor a transformá-lo em ópera. Pobre Edward, morreu sem saber que pode ter provocado o surgimento de um personagem sanguinário que manchou a história do século XX.

Enquanto Rienzi aguardava nas páginas o estrelato que viria mais tarde através da música, outros personagens fictícios tramavam uma grande virada na América do Norte. Não tinham nada parecido com cavaleiros de espada em punho, eram apenas escravos. Mas com seu sofrimento e sonho de liberdade saltaram diretamente da literatura para a vida real. O livro de onde vieram transformou-se em um fenômeno de vendas, de comoção popular e repercussão política. Seu título: *A cabana do Pai Tomás*.

Nada explica melhor o efeito do famoso romance do que as palavras de Abraham Lincoln ao encontrar sua autora, Harriet Beecher Stowe. O encontro aconteceu durante a Guerra Civil Americana, e o presidente a saudou dizendo: "Então você é a pequena mulher que escreveu o livro que provocou esta grande guerra." Além de acender a indignação contra a escravatura que acabou causando o choque entre nortistas (abolicionistas) e sulistas (escravagistas), o livro, obtendo sucesso também na Inglaterra, convenceu os ingleses a não interferir no conflito, o que foi altamente relevante no resultado final.

NAS PROFUNDEZAS DA HISTÓRIA

Sem história, sem vida

Queiramos ou não, são as histórias que nos inspiram e dão força. E, sem dúvida, nos ajudam a decifrar a questão existencial básica: o velho e discutidíssimo "sentido da vida".

Vem do crítico Kenneth Burke a frase que melhor defende essa relevância: "*Histórias são equipamentos para a vida*", e do professor e roteirista Robert McKee o complemento para a afirmação de Burke com dois pensamentos marcantes: "*A arte da história é a força cultural dominante no mundo*" e "*A dádiva da história é a oportunidade de viver vidas além da nossa*".

Pense no que se passa na cabeça de uma criança quando pede que sua mãe lhe conte uma história antes de dormir. Ela quer, ao mesmo tempo, uma distração, uma lição de vida e um afago que lhe proporcionem sensação de segurança e algum conforto emocional. Ela quer momentos de sintonia que possam fazer parte de sua memória afetiva.

Agora pense em um grupo peludo e malcheiroso de homens da caverna sentado em volta de uma fogueira, a compartilhar seus feitos de caça, suas aventuras e suas lendas. A diferença entre eles e a criança que pede à mãe para contar histórias se resume ao pressuposto de superioridade intelectual-vivencial da mãe sobre a filha e à discrepância das condições de limpeza, aconchego e modernidade entre o contemporâneo quarto da criança e a rústica caverna. No mais, os objetivos são praticamente os mesmos: troca de experiências, para dormir em paz.

STORYTELLING

Em seu livro *O zen e a arte da escrita*, Ray Bradbury ensina que "*os primeiros homens e mulheres desenharam sonhos de ficção científica nas paredes das cavernas*".

Criar e contar histórias, mais do que entretenimento, é uma questão de sobrevivência.

Capítulo 5

REALIDADE × FICÇÃO.

Onde está a verdade?

> "Estava certo quem disse que vencer uma batalha é convencer aos seus e aos outros, aos amigos e inimigos, que você a ganhou. Existe uma lenda da realidade que é a substância, a realidade íntima da própria realidade."
>
> Miguel de Unamuno

"*Aquilo que é não pode ser verdade*", filosofou Herbert Marcuse. Cerca de dois séculos antes dele, Gottfried Leibniz defendia a existência de dois tipos de verdade: *verdade de razão* e *verdade de fato*.

Longe dos debates filosóficos, Honoré de Balzac rejeitava o rótulo de romancista, para se autodefinir como um historiador de costumes. E Robert McKee sentencia que "*o que acontece é fato, e não verdade. Verdade é o que nós pensamos sobre o que acontece.*"

Técnicas consagradas de pesquisa utilizam associação de imagens para descobrir o que os pesquisados pensam de verdade. Técnicas de dramatização facilitam a psicólogos o acesso às verdades mais remotas de seus analisados. Algumas delas escondidas nos sonhos, que, em última análise, são histórias que elaboramos enquanto dormimos, recheadas de simbolismos e revelações que muitas vezes nos surpreendem.

O psicanalista Robert A. Johnson chega a questionar a separação feita entre o que aconteceu realmente e o que aconteceu em um sonho, defendendo que o mais correto seria perguntar se determinado fato aconteceu na *realidade de um sonho* ou na *realidade física*. Segundo ele, é injusto privar os sonhos de sua verdade, já que o mundo dos sonhos teria "efeitos mais práticos e concretos em nossa vida do que os acontecimentos externos".

Romances. De onde os escritores tiram suas histórias, se não das camadas mais profundas de suas experiências de vida? Anne Lamott afirma que "escrever nos motiva a olhar a vida mais de perto", "escrever bem é contar a verdade" e que "um escritor busca a verdade e, paradoxalmente, conta mentiras a cada etapa do caminho".

Filmes. A quantidade de imaginação aplicada aos documentários é maior ou menor que o volume de realidade inserido na ficção?

Biografias são tão vulneráveis à fantasia quanto são manipuláveis os relatos históricos que aprendemos na escola, ou a descrição que um amigo nos faz da festa em que seu poder de sedução atingiu os píncaros da glória.

O antiquado verbo "confabular" é muito honesto ao definir "conversa" como uma troca de fábulas, embora alguma honestidade persista quando entendemos "conversar" como intercâmbio de versões.

REALIDADE x FICÇÃO.

Sempre que nos expressamos, inevitavelmente o fazemos de um ponto de vista particular, sujeito a distorções culturais, convicções, intenções, preconceitos, estilos e vícios que muitas vezes nem sequer reconhecemos. Há um ponto de interseção, sensível e impreciso, entre realidade e ficção, e é nesse ponto que se encontra a verdade.

Não deve causar estranheza, portanto, o número crescente de executivos e jornalistas que confiam seu preparo profissional mais aos romances do que a livros técnicos. Lendo entrevistas de pessoas que ocupam cargos de alta responsabilidade, por duas vezes me deparei com a afirmação de que aprendiam mais sobre a natureza humana com Tolstói e Dostoiévski do que em tratados de psicologia ou manuais de RH.

James Wood ensina que

> [...] a literatura é diferente da vida porque a vida é cheia de detalhes, mas de maneira amorfa, e raramente ela nos conduz a eles, enquanto a literatura nos ensina a notar [...]. Essa lição é dialética. A literatura nos ensina a notar melhor a vida; praticamos isso na vida, o que nos faz, por sua vez, ler melhor o detalhe na literatura, o que, por sua vez, nos faz ler melhor a vida.

De um modo geral, como disse Andrea del Fuego em texto publicado no jornal literário *Rascunho*, "espera-se que o autor recolha do mundo aquilo que nós, leitores, não temos tempo, oportunidade e dom para fazê-lo".

Por fim, não poderíamos deixar de fora a bela observação de Guy de Maupassant:

Que infantilidade, ademais, acreditar em realidade se carregamos a nossa própria em nosso pensamento e em nossos órgãos. Nossos olhos, nossos ouvidos, nosso olfato, nosso paladar, diferindo de pessoa para pessoa, criam tantas verdades quanto há homens na terra. E nossas mentes, informadas por esses órgãos, tão diversamente sentem, compreendem, analisam, julgam, que cada um de nós parece pertencer a uma raça distinta. Cada um de nós, portanto, forma para si mesmo uma ilusão do mundo, que é uma ilusão poética, ou sentimental, ou alegre, ou melancólica, ou turva, ou desanimadora, de acordo com nossa natureza. E o escritor não tem outra missão senão a de reproduzir fielmente essa ilusão, com todos os dispositivos da arte que aprendeu e comanda. A ilusão da beleza, que é uma convenção humana! A ilusão da feiura, que é uma opinião mutável! A ilusão da verdade, que nunca muda! A ilusão do ignóbil, que a tantos atrai! Os grandes artistas são aqueles que fazem a humanidade aceitar sua ilusão particular.

Tudo altamente subjetivo e abstrato, mas atingindo em cheio o mundo concreto. Para eliminar dúvidas teimosas sobre o papel da ficção em nossas vidas, sugiro duas viagens. A primeira, a Madri, onde a imagem de Dom Quixote é a mais procurada pelos visitantes, e obviamente a mais presente nas lojas de suvenires. Trata-se do personagem mais famoso da Espanha, um país onde, diga-se de passagem, a concorrência de personagens históricos reais é fortíssima. A segunda viagem seria a Verona, cidade italiana que jamais constaria de roteiros turísticos não tivesse sido escolhida por Shakespeare para hospedar Romeu e Julieta. E já que falamos de duas cidades europeias, não custa nada passar por Paris, visitar a catedral de Notre Dame, e tentar não lembrar do Quasímodo criado por Victor Hugo, que segue tocando seus sinos em nosso imaginário.

Imaginação e fantasia

Duas palavras arrastadas ao longo do tempo para significados bem distantes de suas origens.

Imaginação vem do latim "imago" (imagem). No sentido original, é nossa capacidade de dar forma ao mundo interior. Sem a imaginação, nosso inconsciente não teria como se expressar.

Fantasia vem do grego "phantasía". Significava "tornar visível, revelar".

Originalmente, imaginação e fantasia estão associadas a trazer à tona a realidade do mundo interior, dar formas visíveis ao nosso reino invisível.

Nos domínios da religião, o canal da inspiração divina era a imaginação, às vezes o sonho. Desqualificar esses produtos de nossa mente foi um equívoco provocado pelo materialismo crescente, que a psicanálise começou a corrigir, auxiliando a subjetividade contemporânea a reincorporá-los ao nosso elenco premium de capacidades.

Ninguém duvida, nos dias de hoje, que é praticamente impossível suportar a existência humana sem imaginação e fantasia. Todos sabem que esses dois elementos, tão destacados durante a infância e negligenciados na idade adulta, são os principais responsáveis pela criatividade e, consequentemente, pela geração de histórias.

Basta folhear alguns jornais ou revistas dedicados ao mundo dos negócios para ver que um dos bens mais valorizados atualmente é a ideia criativa. Quando a expressão "economia criativa" passa a ser tema recorrente das discussões econômicas, e grandes capitais passam a exaltar a necessidade de grandes ideias, é sinal de que algo muito relevante está acontecendo.

Realidades consistentes

Vamos deixar de lado, por enquanto, nosso entendimento do que seja realidade e levar o pensamento a alguém como o Super-Homem. Não nos espanta que ele voe, nem que os tiros ricocheteiem em seu peito, mas incomodaria bastante vê-lo brincando com um ioiô de kryptonita.

Do mesmo modo, seria absurdo ver Indiana Jones manuseando a espada de luz de Luke Skywalker, ou Darth Vader atrapalhando o relacionamento de Don Corleone com seus familiares mafiosos.

Cada história tem seu universo, e cada universo tem seus códigos. É no significado desse conjunto de códigos que reside a verdade de cada história. Portanto, ele tem que ser respeitado.

Se estabelecemos que o dragão cospe fogo, isso passa a ser um dado do problema que o oponente do dragão terá de enfrentar. Alegar, por exemplo, que o gás do dragão acabou de repente ou que ele pegou uma gripe que congestionou seu lança-chamas é uma quebra de contrato imperdoável para quem investiu emoção no príncipe que passou a história toda se preparando para o duelo com a terrível fera.

REALIDADE x FICÇÃO.

Tudo o que é combinado antes é convincente, desde que respeitados os gêneros e contextos. Uma vassoura voadora não cabe em um filme policial, assim como extraterrestres se sentiriam deslocados em um drama familiar, ou duendes ficariam sem assunto em um thriller político. Existe uma delimitação estabelecida pelo bom senso de até onde podem ir os códigos. Em um contexto bíblico, aceitamos que Deus converse diretamente com os personagens. Em um contexto romântico contemporâneo, não cabe dramatizar a perda da virgindade feminina como ocorreria, por exemplo, na Inglaterra vitoriana. Em um contexto publicitário, espera-se que só as qualidades do produto sejam evidenciadas. Ninguém diria que determinada marca é tendenciosa porque omite o que pode desvalorizá-la em suas peças de comunicação.

Imaginemos a mesma cena acontecendo em histórias diferentes: um homem fugindo de um leão. Em uma trama de aventura, provoca tensão; em uma trama de comédia, provoca riso (porque sabemos de antemão que em comédias ninguém se machuca de verdade); em uma trama de terror, pode ser apenas um sustinho menor dentre os muitos que nos dispomos a experimentar quando consumimos esse gênero; e em um comercial de TV, provoca curiosidade, provavelmente criando no público a expectativa de ser algo relacionado com o Imposto de Renda (a associação do leão ao imposto, já incorporada à cultura brasileira, é fruto de campanha publicitária criada pela agência DPZ e veiculada em 1980). Aventura, comédia, terror, propaganda etc, cada um no seu quadrado. O público sabe exatamente o que esperar de todos os gêneros e contextos.

Uma vez convincentes os códigos dentro das expectativas tacitamente preestabelecidas entre as partes (autor e público), resta apenas ser consistente. Para efeitos narrativos, ser for convincente e consistente, não se discute: é verdade.

Estidade e plausibilidade

Entramos agora na área mais difícil de determinar, território dominado pela sensibilidade do autor, onde as dosagens são delicadas e as medidas, imprecisas.

Ao mesmo tempo que Alfred Hitchcock nos diz que "história é a realidade sem as partes chatas", James Wood pontua a necessidade de "qualquer detalhe que atrai para si a abstração e parece matá-la com um sopro de tangibilidade". O mesmo autor, em outros momentos, nos fala de "empatia imaginativa" e decreta que "literatura é, ao mesmo tempo, artifício e verossimilhança".

Até onde um detalhe se enquadra nas partes chatas que devem ser evitadas ou nas necessárias para dar mais concretude à narrativa? Até onde podemos considerar uma descrição excessiva ou precisa?

Nosso primeiro dilema narrativo acontece entre a progressão da história e a estidade. A progressão exige foco naquilo que é relevante para o desenrolar da trama, enquanto a estidade salpica pontos de apoio que sustentam nossa relação emocional com as cenas que se desenrolam diante de nós. Errar a mão nesse tempero pode quebrar o ritmo e fazer desandar a receita, mas não temperar pode tornar a história insípida.

REALIDADE × FICÇÃO.

Estidade é o nome dado pelo teólogo medieval Duns Scotus ao processo de individuação. O conceito original estava mais ligado ao detalhamento, e acabou sendo adotado sem moderação pelos pós-flaubertianos, que passaram a considerá-lo como necessária manifestação de estilo. Como tudo na vida, o conceito evoluiu para o que James Wood define como *"o fato que promete escorar a ficção"*. Ganhou, assim, elasticidade suficiente para que possamos considerar a existência de uma estidade histórico-cultural que, inserida em contexto ficcional, lhe infunde ares de realidade. Em seu *Getting it Right: The Publishing Process and the Correction of Factual Errors*, M. J. Brucolli aponta a gravidade do tema, sentenciando que *"erros factuais na ficção perturbam os leitores que os detectam e minam sua confiança na obra e no autor"*.

Não nos faltam exemplos de estidade histórico-cultural explícita nos grandes clássicos. *Guerra e paz*, *Anna Karenina*, *Madame Bovary*, *Em busca do tempo perdido* — só para definir o patamar a que me refiro — são obras tão ricamente contextualizadas que podemos sentir vividamente as tensões sociais em que se desenvolvem e o invólucro político que as embala.

Saltando da literatura para um trabalho televisivo contemporâneo, a série *Downton Abbey* nos traz os dramas de uma família aristocrática inglesa e seu séquito de funcionários no início do século XX, submetendo um bem desenhado elenco de personagens fictícios aos efeitos do naufrágio do *Titanic*, do advento da telefonia, dos debates em torno da liberação feminina, da Primeira Guerra Mundial, entre outros eventos históricos. A cada fato, desses que sabemos estarem registrados nos compêndios escolares, soa uma espécie de canto da sereia que nos atrai para o miolo da história, dizendo: "Isso realmente aconteceu, daí todo o resto bem que poderia ter acontecido."

Contextualizar historicamente é a forma mais elementar de estidade, mas a história também pode ser usada apenas como referência remota. No filme *Chinatown*, um escândalo real envolvendo o chefe do Departamento de Água e Energia de Los Angeles, ocorrido em 1906: a Violentação do Vale Owens é usado como pano de fundo para a trama policial fictícia que se desenrola em 1937. Não há nesse caso a contextualização, mas a mera alusão a algo que, tendo acontecido em época diferente, empresta pontos de credibilidade à narrativa.

Em uma outra escala de estidade, mais fiel ao sentido original do termo, estão os detalhes descritivos aparentemente dissociados da trama. Não aqueles que tentam poetizar cada elemento da paisagem, esmiuçar mobiliários e decoração de cada locação, ou discorrer páginas e páginas sobre traços físicos e figurinos dos personagens. Esses já definimos no início do capítulo como excessivos. Falo do acréscimo cirúrgico, pontual, convidativo.

Quando um personagem policial encontra a mãe de um jovem morto pelo vilão da história, o que interessa de imediato para a progressão da narrativa são as pistas que ela pode fornecer para a captura do assassino. Ela pode apenas dizer que seu filho todas as noites dava uma passadinha na lanchonete Fast Burger quando voltava do trabalho para casa. E digamos que o bandido seja um dos garçons da lanchonete, o que facilitaria o avanço das investigações. Nada mais seria necessário para que

REALIDADE x FICÇÃO.

a trama fluísse, certo? Agora, algumas pitadas de estidade: o que aconteceria se essa mãe mostrasse fotos do aniversário de 15 anos do filho morto? E se ela caísse em prantos ao ver o vidro do adoçante usado pelo rapaz, registrando que ele tomava exatamente três gotas no café e costumava dizer que só o café preparado pela mãe conseguia ficar gostoso mesmo depois de misturado ao adoçante? Acabamos de adicionar um tipo de detalhe reservado aos mais íntimos, um detalhe que cabe perfeitamente no comentário de uma mãe enlutada, que define a vítima como filho amoroso, algo que na vida real aconteceria com facilidade, um assunto banal alçado à condição de destaque e tornando-se, por sua singeleza, especialmente tocante.

O que esse detalhe acrescentaria à história? Além do óbvio aumento de carga emocional, estaríamos reforçando a vilania do antagonista, incrementando a relevância da missão do policial e, em última análise, elevando todo o potencial de tensão e envolvimento da narrativa.

Uma história só é bem-sucedida quando trazemos o público para dentro dela. Uma vez conseguido isso, tudo fica tão mais fácil que até eventuais problemas de plausibilidade são generosamente desconsiderados.

No filme *Seven — Os sete crimes capitais*, escrito por Andrew Kevin Walker, dirigido por David Fincher e estrelado por Brad Pitt e Morgan Freeman, uma série de assassinatos bárbaros é inspirada pelos pecados capitais. Apesar de nenhum dos crimes ser testemunhado pelo espectador, a visão das vítimas e as descrições dos peritos são mais do que suficientes para nos encher de horror. A cultura literária e a larga experiência do detetive Somerset (interpretado por Freeman) levam os investigadores até a casa do assassino, mas ele escapa e só não mata o detetive mais jovem, Mills (interpretado por Pitt), porque não quer. Fica evidente que o criminoso está no controle da situação e se diverte em chocar e confundir a polícia, a tal ponto que ele decide se entregar, anuncia mais duas vítimas e se compromete a confessar tudo, sem alegar insanidade, se os dois detetives que o investigam o acompanharem até o local que ele indicar. O pacto é feito. O assassino John Doe, brilhantemente interpretado em seus poucos minutos de cena por Kevin Spacey, vai no carro com os dois policiais, indicando o caminho e demonstrando em sua conversa um alto nível de perturbação mental. Depois de dirigirem por algum tempo, chegam a uma região descampada, no meio do nada, quase desértica. Alguns minutos depois, um furgão de encomendas expressas, estilo DHL, chega ao mesmo local. Somerset rende o motorista do veículo, confere sua identidade e o crachá da companhia que o emprega, e verifica que o sujeito simplesmente foi contratado para fazer a entrega de uma caixa de papelão. Pacote entregue, o motorista é enxotado dali por Somerset, e volta a pé, muito assustado com a rudeza do policial. Mesmo sem ver o conteúdo da caixa, todos sabemos que a encomenda é macabra. O desfecho do filme é tão dramático que, envolvidos até o pescoço pela tensão, não damos a menor importância para o fato de alguém ser contratado para fazer entregas em um endereço que não existe e em uma época em que nem com o GPS se podia contar.

Avenida Brasil, novela exibida com extraordinário sucesso no horário nobre da Rede Globo de televisão, pode nos ajudar a entender melhor esse ponto. Tornou-se um fenômeno de au-

REALIDADE x FICÇÃO.

diência tão expressivo que as pessoas desinformadas de sua trama enfrentavam dificuldades para conversar com os amigos, vizinhos ou colegas de trabalho. Parecia pauta obrigatória de todas as rodas sociais. Personagens muito bem desenhados, dirigidos e interpretados transitavam em um cativante enredo repleto de reviravoltas, que abraçava todas as camadas sociais do Rio de Janeiro: rica, suburbana e miserável. O coração da trama batia em um subúrbio fictício chamado Divino, mais precisamente na mansão em que morava com sua família um famoso ex-jogador de futebol, Tufão. Ali cozinhava em fogo brando o plano de vingança da empregada Nina contra a patroa, esposa de Tufão, Carminha. A mulher que encantava a todos com seu talento culinário era a enteada, que, na fragilidade da infância, fora cruelmente abandonada por Carminha no Lixão, local existente na vida real, para onde quase todo o lixo da cidade era levado. Na imundície do Lixão da novela, sobrevivendo graças ao que podiam catar dentre as sobras da população carioca, moravam alguns personagens. Reproduzia-se na história a chocante existência de residentes no Lixão real. Por mais interessantes e diversificadas que fossem as tramas paralelas, era no eixo Divino-Lixão que pulsava o núcleo dramático catalisador de todas as atenções.

Mas havia algo no Lixão da TV que soava estranho. Para quem tinha noção do que era aquele ambiente na realidade (um razoável número de cariocas), as idas e vindas dos personagens do subúrbio e até da Zona Sul ao gigantesco depósito de lixo, que mais parecia uma espécie de bairro, e as condições de vida que os personagens desfrutavam lá, com direito inclusive a festas incompatíveis com o entorno, formavam um gritante conjunto de implausibilidades. Teria isso atrapalhado de alguma forma a sintonia do público com o desenrolar da história? Nem um pouco.

A carga simbólica do Lixão, representando os rejeitados sociais, era muito mais forte do que qualquer racionalidade. E, ainda que não houvesse tamanho simbolismo, as interações entre os personagens, nas cenas que vivenciavam, eram tão poderosas que o público preferia perdoar, como perdoou, esse e outros pontinhos implausíveis.

Quase toda história os tem. A plausibilidade, indiscutivelmente bem-vinda e incessantemente buscada, nem sempre é alcançável na sua plenitude. Personagens às vezes agem de forma incongruente para possibilitar viradas dramáticas mais eletrizantes. E quando o fazem em benefício da emoção e do impacto, o público chega a fingir que não percebeu. Primeiro, porque o trilho da história é prioridade absoluta. Segundo, porque até o que acontece na vida real não consegue se manter cem por cento nos limites do plausível.

A pergunta fundamental é: qual nível de implausibilidade é suportável por uma história? Até que ponto podemos ir sem que o público nos desqualifique, desistindo de nos brindar com sua atenção?

Como ninguém tem essa resposta, melhor lutar para manter-se plausível o tempo todo e planejar com segurança os arquétipos com os quais vamos lidar, para que a força de seu significado nos sirva de escudo na hora que eventuais implausibilidades forem necessárias em prol do maior impacto da história.

Doses maiores de estadade compensam pequenos deslizes de plausibilidade. Mais um exemplo que *Avenida Brasil* nos

REALIDADE x FICÇÃO.

fornece. As situações vividas no subúrbio, notadamente durante as múltiplas refeições da família Tufão, geravam créditos de estidade que cobriam tanto a fantasia do Lixão quanto as inverossímeis manobras conjugais de um executivo da Zona Sul com suas três mulheres, que caminhavam em uma subtrama cômica à primeira vista dissociada do núcleo dramático central.

Críticas à obra de João Emanuel Carneiro? Ao contrário, só elogios. As obrigações de uma novela em horário nobre, que precisa atender a todo tipo de público, equilibrando drama, suspense e comédia em numerosos capítulos que conduzam narrativa e audiência em um crescendo constante, são praticamente incompatíveis com alta qualidade. Mas *Avenida Brasil* driblou essa quase-regra, consagrando-se como um marco na dramaturgia televisiva brasileira.

Capítulo 6

QUALIDADE ARQUETÍPICA

Uma longa história nos precede.

Os arquétipos começaram na Grécia, com Platão. Designavam as ideias que serviriam de modelo para tudo que nos cerca. No encontro do neoplatonismo com o cristianismo, os arquétipos foram introduzidos à filosofia cristã e divulgados por Santo Agostinho.

No Dicionário da Língua Portuguesa (Novo Aurélio, Século XXI), arquétipo é definido como "modelo de seres criados, padrão, exemplar, protótipo...". A definição é reforçada com exemplos como: o paraíso perdido, o dragão e o círculo — arquétipos encontrados em diversas civilizações. Tais exemplos se referem ao que, na falta de enunciação melhor, podemos chamar de arquétipos situacionais, que rivalizam em importância com os arquétipos pessoais. Os primeiros, voltados para vivências; os segundos, voltados para personagens.

Carl Jung assumiu os arquétipos na psicologia analítica como imagens universais existentes desde sempre, cristalizadas em estruturas inatas com que expressamos e desenvolvemos nossos alicerces psicológicos. Constatou sua presença no inconsciente coletivo e sua influência determinante nas vidas, sonhos e narrativas de todas as pessoas. Segundo ele, os arquétipos se formaram pela repetição de experiências ao longo de várias gerações, produzindo em nós a repetição automática dessas experiências. Estariam, graças a essa teia de reforços constantes, intimamente ligados a nossas intuições.

Apesar da aparência monolítica, Jung realça que os arquétipos funcionam como potencializadores, não como formas estáticas. O segredo de sua validade através dos séculos está nas reinterpretações que vêm sofrendo, em processo de atualização permanente. E, dada a autonomia de cada arquétipo, naturalmente alguns vão ficando mais fortes, destacando-se dos demais. Quem não visualiza imediatamente uma figura quando nos referimos à "donzela virtuosa", ao "guerreiro corajoso", à "rainha gentil" ou ao "grande sábio"?

Os seres humanos e, consequentemente, os grandes personagens combinam diferentes arquétipos em personalidades que elevam seu potencial de encantamento à medida que se apresentam multifacetadas, complexas e com alguma dose de contradição.

Narratologia

Da filosofia para a psicologia. Da psicologia para a narratologia. Tudo está interligado.

Quando Jung afirma que *"nos mitos e contos de fada, como no sonho, a alma fala de si mesma e os arquétipos se revelam em sua combinação natural, como formação, transformação, eterna recriação do sentido eterno"*, ele desemboca diretamente na ciência do storytelling batizada como narratologia.

QUALIDADE ARQUETÍPICA

A ele se seguiram Joseph Campbell, grande estudioso da mitologia universal, que reuniu protagonistas do folclore, dos contos de fada e das religiões como manifestações de diferentes camadas de uma mesma história; Vladimir Propp, acadêmico estruturalista russo que, dissecando centenas de contos populares, identificou neles 31 funções, a partir de seu núcleo e elementos narrativos comuns; e Christopher Vogler, professor, consultor e roteirista de Hollywood, influenciado por Propp, que nos acolhe em seu website, dizendo:

"Bem-vindo ao mundo de *The Writer's Journey* e *Storytech Literary Consulting*. Este site é dedicado a contar melhores histórias e descobrir a sabedoria dos antigos mitos e lendas."

Enquanto Campbel considera os arquétipos praticamente como parte da biologia humana e os define a partir do "herói" em sua jornada, Propp se empenha em descobrir um padrão arquetípico de comportamento nas estruturas de narrativa popular, e Vogler os compreende como modelos utilizados pelos personagens segundo as necessidades de progressão de cada história.

Em poucas palavras, o pensamento original de Platão foi se encorpando ao longo do tempo, e teve sua força alavancada com a publicação de *Os arquétipos e o inconsciente coletivo*, de Carl Jung. Revelou ainda os significados mais profundos do storytelling. Daquele ponto para os domínios do marketing, planejamento estratégico e criação publicitária foi um pulo. Bastou Margaret Mark e Carol S. Pearson lançarem seu livro *O herói e o fora da lei* e as portas das agências de publicidade, branding e afins se abriram imediatamente para o assunto.

Os arquétipos

O grande mérito das duas autoras de *O herói e o fora da lei* foi relacionar todo o conteúdo filosófico, psicológico e narratológico acumulado, desde tempos imemoriais, com o universo das marcas. Agrupando perfis arquetípicos por afinidades atitudinais, como Independência/Autorrealização, Pertença/Grupo, Mestria/Risco e Estabilidade/Controle, Mark e Pearson identificaram os padrões comportamentais de várias marcas conhecidas, facilitando um processo de análise tão útil para exercícios de autoconhecimento quanto para análise de cenário competitivo e planejamento de migração arquetípica.

Estavam criadas as condições para um protagonismo planejado das marcas, cuidadosamente alinhado com o inconsciente coletivo e a memória ancestral dos consumidores, de modo a fazer com que se sentissem participantes da identidade das marcas com que tivessem alguma forma de interação.

No primeiro grupo, direcionado para Independência/Autorreatttlização, encontram-se os arquétipos ligados ao individualismo, à reflexão, ao desejo de alcançar uma vida idealizada. São eles:

Inocente — As naturais associações com infância, bondade, prazeres simples da vida, fazem deste arquétipo o mais "família" de todos. Costuma atrair consumidores de perfil mais leve e comportado. Entre suas marcas, encontramos Disney, Coca-Cola e McDonald's.

Explorador — Evoca estrada, aventura, descoberta, uma vida sem fronteiras, livre, autêntica. Atrai consumidores de espírito jovem, que curtem o efeito da adrenalina no sangue.

QUALIDADE ARQUETÍPICA

Marcas como Levi's, Land Rover e Starbucks fazem parte deste arquétipo.

Sábio — Sua frase-chave é "A verdade libertará você". Valoriza o conhecimento, busca estar bem informado. Encontra boa aceitação entre consumidores mais intelectualizados. São marcas deste arquétipo: CNN, *The New York Times*, Fundação Getúlio Vargas.

No segundo grupo, denominado Pertença/Grupo, estão elencados os arquétipos que lidam com situações sociais, vinculados ao gregarismo e valorizadores do pertencimento, como:

Cara comum — É certamente o menos pretensioso dos arquétipos, fato que o torna mais adequado a marcas singelas, que não tentam provar nada a ninguém, exalando desprendimento e autoconfiança. Por exemplo: Hering, Gap, Visa.

Amante — Arquétipo que enseja aproximações mais íntimas com o público. Faz o jogo da exclusividade, do sentir-se especial. Satisfaz os que gostam de lisonjear e ser lisonjeados. Suas marcas: Godiva, Hallmark, H. Stern.

Bobo da corte — Este é o espaço da diversão, das atitudes engraçadas, irreverentes. Se o "cara comum" é o sujeito na dele, e o "amante" é o que se desdobra em atenções, o "bobo da corte" é o gozador da turma. Marcas que representam este arquétipo: Pepsi, Skol, M&Ms.

O terceiro grupo, Mestria/Risco, relaciona-se com o desejo de enfrentar desafios, lutar pelos sonhos, buscar conquistas memoráveis. Nele reúnem-se os seguintes arquétipos:

Herói — Apresentado por Campbell e outros estudiosos como o arquétipo ao qual os demais se referem, o herói muitas vezes é confundido com o protagonista, prejudicando o entendimento de que todo arquétipo tem o poder e o direito de protagonizar. Os arquétipos são iguais perante o marketing e a comunicação de marcas, não existindo qualquer hierarquia entre eles. Cada um tem sua característica diferenciadora, só isso. O diferencial do herói é sua crença no poder da vontade. Se quer algo, vai em frente até conseguir. É o arquétipo de quem sai na frente e busca se manter na liderança, sem medo de nada. Nike, Tag Heuer e Gatorade estão entre suas marcas.

Fora da lei — Parte do princípio de que as regras existem para serem quebradas. Por sua característica destemida, tangencia constantemente o "herói". Gosta de chocar, tem prazer em desestabilizar. Marcas que aqui se encaixam: Apple, Harley-Davidson, Diesel.

Mago — Propõe-se a melhorar a realidade de quem o segue. Transfere poder transformador para seus consumidores. Mastercard, Sky e O Boticário se posicionam neste arquétipo.

E, encerrando a lista, o grupo Estabilidade/Controle é o que dialoga mais de perto com a serenidade e o poder. Senhor de si, sem solavancos, propõe-se a dar estrutura ao mundo. Seu trio de arquétipos é formado por:

Governante — Para este arquétipo, o que importa é o poder. Estar no controle é sua promessa. Identifica-se com um público elitista. Suas marcas: American Express, Microsoft, IBM.

O prestativo — É o arquétipo das marcas que se propõem a cuidar de seus consumidores. Têm na dedicação e no zelo seus traços principais. São prestativas marcas como Johnson & Johnson, GE e AT&T.

O criador — Divide com "o herói" o papel da inovação, só que o faz de maneira mais contida, menos atrevida. É imaginativo, mas evita riscos. Exemplificado por marcas como 3M – Post-it, Faber-Castell e Google.

Antonio Núñez, em seu livro *Será mejor que lo cuentes!*, apresenta de forma singular a presença dos arquétipos no percurso de nossa existência. Segundo ele:

Começamos **Inocentes**. *Mais adiante, vem a adolescência e nos convertemos em* **Foras da lei***, enquanto aprendemos a ser* **Heróis** *para abrirmos caminho pela vida. Em seguida, aprendemos a ser* **Amantes** *e a encontrar parceiros. Logo, ao formarmos família e assumirmos responsabilidades profissionais, nos tornamos* **Governantes***. Supõe-se que na maturidade sejamos* **Sábios** *e* **Magos***, dominando todos os conhecimentos necessários para viver, até que, no fim da linha, voltamos a ser* **Inocentes***.*

Faltam vários arquétipos na historinha de Núñez, provavelmente por uma questão de ritmo narrativo. Com um pouco de imaginação, não é difícil incorporá-los ao texto.

Importante: Os arquétipos não são exatos nem estáticos, e existe a possibilidade de vários deles conviverem na mesma marca. Assemelham-se nesse aspecto aos signos do Zodíaco, que apresentam tendências de personalidade, nem sempre consistentes no dia a dia, além de habitualmente mostrarem características de um signo principal mescladas com as de outro signo afim. É comum dizer-se que fulano é do signo X, com ascendente no signo Y. O mesmo ocorre no campo arquetípico.

Marcas são personagens, ou seja, são como pessoas. Natural, portanto, que haja marcas com o arquétipo dominante Z e traços do arquétipo V, talvez até flertando um pouco com W. Do mesmo modo, há marcas que nascem dentro de determinado arquétipo e, por circunstâncias variadas, acabam migrando para outro. Amadurecem, crescem em direções inesperadas, são surpreendidas por mudanças bruscas na concorrência... há inúmeras causas possíveis. Qualquer que seja o motivo, mudar de arquétipo é sempre uma manobra arriscada. Se for para acontecer, convém fazê-lo de forma voluntária, consistente, coerente e minuciosamente planejada, ou tudo pode acabar em um irreversível desastre.

Igualmente importante: O diagnóstico das marcas usadas como exemplos de cada arquétipo pode conter equívocos, gerar dúvidas, provocar debates. Ninguém garante, por exemplo, que o Google se considere Governante, deteste se ver como Criador ou planeje mudar para qualquer outro arquétipo neste exato momento. Quem sabe trocando de posição com a Microsoft, cuja autopercepção conduz mais para Criador do que para

QUALIDADE ARQUETÍPICA

Governante? Tudo é muito relativo nesse campo. Uma marca Herói, como Nike, pode ter seus momentos Fora da lei, certos cacoetes de Mago, e por aí vai.

Se combinações são possíveis, variações de percepção e interpretação também acontecem com frequência. Nas apresentações de definição arquetípica que fiz a vários clientes, prevaleceram com larga vantagem as reações de excitação e aplauso, mas não eram raros os diretores que rejeitavam uma ou outra característica, poucas vezes reprovando a análise como um todo, mas ocasionalmente abrindo discussões internas muito semelhantes às geradas em terapias psicanalíticas grupais. Aproveitando a menção a "grupos", vale registrar que é maior a ocorrência de combinações ou desvios entre arquétipos pertencentes ao mesmo grupo.

Um mundo de possibilidades: Arquétipos não são territórios exclusivos. A exclusividade a ser buscada está na forma com que os arquétipos se expressam. Personagens e marcas Heróis manifestam seu heroísmo de maneiras distintas, o mesmo ocorrendo com Amantes, Criadores etc.

Não existe também correlação imediata entre arquétipo de marca e categoria de produto. No segmento de inseticidas, por exemplo, a marca Raid pode se comportar como "Herói" no estilo Chuck Norris ao afirmar que "mata bem morto", enquanto a marca SBP pode adotar o perfil de "Prestativa" com traços de "Inocente" ao se apresentar como "terrível, contra os insetos", enfatizando insistentemente que sua preocupação principal é não oferecer qualquer risco à saúde de seus usuários.

STORYTELLING

Perigo: O uso descontrolado dos arquétipos pode levar à negativação de suas qualidades. Assim, o Inocente pode se tornar ingênuo, o Explorador pode perder o rumo e se comportar como um incapaz de assumir compromissos, o Sábio pode se transformar em um teórico desconectado da vida real, o Cara comum pode cair na armadilha de ser simplista, o Amante pode tanto ser manipulado quanto manipulador, o Bobo da corte pode virar superficial, o Herói pode passar a ver inimigos em demasia, o Fora da lei pode se consagrar como agressor, o Mago pode se encantar com seus próprios poderes, o Governante pode se revelar um tirano, o Prestativo pode sufocar os outros com superproteção, e o Criador pode se enredar em um perfeccionismo doentio.

Aplica-se, portanto, aos arquétipos a famosa advertência expressa na propaganda de bebidas alcoólicas: *Aprecie com moderação*. Como tudo na vida, os arquétipos têm seu lado sombrio.

Feitas as ressalvas e esclarecimentos, é indiscutível que a sintonia dos arquétipos com o comportamento das marcas abrange tudo o que lhes diz respeito, das linhas de produto à distribuição, da embalagem ao ponto de venda, da propaganda aos patrocínios de eventos, branded contents, product placements e integrations... absolutamente tudo. Quanto mais coerência e harmonia em suas manifestações, mais significado terá a marca, mais sustância, impacto e memorabilidade terá sua história. Exatamente como os personagens de ficção que nos marcam.

O famoso Fora da lei Robin Hood não alcançaria a reputação e a repercussão que teve se, de um momento para o outro,

QUALIDADE ARQUETÍPICA

abandonasse seu princípio de roubar dos ricos para distribuir aos pobres, ou se transformasse em um medroso protetor dos tesouros arrecadados em Sherwood, passando de líder de bando a gestor de um fundo de investimentos. Romeu, típico Amante, perderia sua relevância como inesquecível par de Julieta se deixasse de ser um romântico apaixonado para adotar um estilo garanhão insaciável. E Dmitri Fiodorovitch Karamázov, outro Fora da lei com fortes influências de Inocente e Explorador, não teria a força que levou *Os irmãos Karamázov* a ser considerado por Nietzsche e Freud como a maior obra da literatura mundial se perdesse seu caráter impulsivo, agressivo, radical e falastrão.

Sem coerência e consistência, perde-se a qualidade arquetípica; sem essa qualidade, perde-se o significado; e, sem significado, nenhuma história fica de pé por muito tempo. Como diz Robert McKee, *"a arte do design da história está no ajuste das coisas comuns e incomuns às coisas universais e arquetípicas"*.

É com a qualidade arquetípica que se atinge uma experiência humana universal — a joia buscada por escritores, roteiristas e criadores de campanhas publicitárias internacionais, a que damos o nome de "Human Truth". Lembra quando falamos de "verdade" no capítulo anterior? A verdade se revela por estranhos meios, mostra-se nas contradições entre o consciente e o inconsciente dos personagens, mostra-se nas dualidades, nas diversas camadas, nos heróis que fraquejam, nos vilões que têm momentos de bondade. Mostra-se em tudo que reconhecemos como inerente à condição humana: na tripla negação de Pedro a Jesus, no suicídio arrependido de Judas Iscariotes, na oscilação entre pátria e Al-Qaeda do fuzileiro Nicholas Brody em *Homeland*, nos tormentos de Raskólnikov em *Crime e castigo*, nas fragilidades, quedas e reerguimentos que compõem nossa existência.

Para os autores, a verdade se esconde nas frestas do processo criativo, se disfarça de elemento narrativo, vive inventando truques para escapar. Para o público, ela se comporta de maneira oposta. Apresenta-se ou denuncia sua ausência, logo de cara. Mesmo sem racionalizar, o público identifica a verdade sobre a natureza humana no exato instante em que a vê. Se isso acontece, tudo vai bem. Se não acontece, simplesmente não vai.

É sintomático que Tom Bernardin e Mark Tutsel, da Leo Burnett Worldwide, tenham batizado de *HumanKind* o método de abordagem de sua agência de publicidade, apresentando-o em um livro com mais de duzentas páginas. Lá eles afirmam a respeito das pessoas com quem trabalham:

> Às vezes seus pensamentos são grandiosos, genéricos e limitados. Qual é o significado da vida? Por que às vezes compartilhamos, cobiçamos e escondemos? Por que às vezes amamos e odiamos a mesma pessoa? E como é possível amar e odiar a mesma pessoa ao mesmo tempo?
> Mas, em outras ocasiões, seus pensamentos são granulares e extremamente focados, aprofundando-se cada vez mais para alcançar uma verdade humana essencial e inquestionável.

Quando William Faulkner afirma que *"a natureza humana é o único assunto que jamais envelhece"*, ele escancara a fonte do poder de sua obra, e de todas as outras que se instalaram em nosso arquivo de experiências emocionais significativas.

Capítulo 7

ESTRUTURANDO A HISTÓRIA

—•—

Começa no "Era uma vez", termina no "foram felizes para sempre", e pronto. No miolo? Bem, ali a gente coloca as ideias.

A adaptação da velha piada sobre como escrever um texto se aplica perfeitamente ao desenvolvimento de uma história, até porque toda história é antes de tudo um texto. Sem escritores, não há livros. Sem roteiristas, não há filmes. Sem redação, não há jornal impresso, nem televisivo, nem radiofônico, nem online, assim como não há nenhuma das formas de publicidade. Tudo é precedido de um texto. E todo texto é precedido de uma ideia.

É certo que jornalistas, assim como documentaristas, largam na frente dos ficcionistas, por já terem as histórias em estado bruto diante de seus olhos. Mas o trabalho de lapidação e a escolha da melhor maneira de contá-las requerem habilidades criativas muito semelhantes às dos demais narradores.

No fundo, tudo se resume a respeitar o manual de instruções de cada forma de expressão.

O romancista pode se dar o luxo de descrever e poetizar o que lhe parecer mais tocante, instigante, interessante, por quantas linhas achar conveniente, considerando que seu trabalho poderá ser apreciado por um período de tempo sob o controle do leitor.

O autor teatral pode rebuscar, só que não tanto quanto o romancista, sob pena de desconectar-se das pessoas que saíram de suas casas e pagaram ingressos para se entreter, durante um período preestabelecido de tempo, com a história que ele tem a contar. Sua vantagem é poder propor jogos com a plateia, determinando, por exemplo, que uma troca de luz signifique mudança de cenário, ou um mesmo ator represente vários personagens, identificados por códigos de figurino, iluminação, trilha sonora, ou singelas nuances de voz, gestos, postura física, expressão facial.

O roteirista de filmes, séries ou novelas tem que sacrificar o estilo linguístico para enfileirar eventos da maneira mais clara e sucinta possível, de forma que essa sequência de eventos resulte em uma execução audiovisual que segure a atenção de seu público por cerca de duas horas no cinema, ou sabe-se lá quantos capítulos de quanto tempo diante de quais telas.

O publicitário tem que conciliar o histórico de uma empresa anunciante com a história de marca, encontrando a narrativa mais adequada para criar envolvimento com seu público de forma a gerar identificação, admiração, interação e venda em um número cada vez maior de plataformas e pontos de contato. E, de todos os storytellers, é o que mais necessita de concisão para inserir a macronarrativa da marca em micro-historinhas de poucos segundos e mínimas palavras. Entre os criadores publicitários, não é raro encontrarmos contistas e roteiristas de curtas-metragens, gêneros narrativos mais apetitosos para os que convivem com a permanente necessidade de sintetizar.

ESTRUTURANDO A HISTÓRIA

Já o jornalista tem que organizar os fatos da forma mais exata, objetiva, atraente e palatável possível, o que inclui a possibilidade de romantizá-los, provocar a imaginação do público sobre eventuais lacunas em sua apuração, apontar mistérios, sublinhar encantos, enfim, exercitar um pouco de sua verve literária. Tom Wolfe e Gay Talese, expoentes do New Journalism, reduzem a quase nada as fronteiras entre jornalismo e literatura, brindando-nos com livros maravilhosos. Articulistas, cronistas, biógrafos... são muitos os profissionais da imprensa que ultrapassam o registro dos fatos para transformá-los em pura arte literária.

No final das contas, todos são storytellers. E todos usam a mesma matéria-prima, que é... Pensou em *palavra*? Nada disso. A matéria-prima de todos os que se dedicam a contar histórias é a *vida*. A diferença entre eles só aparece quando nos fixamos nos objetivos de cada texto, nos formatos, nos estilos e nas especificidades de manuseio da linguagem.

Ideia

Discorrendo sobre a arte da ficção, Henry James ressalta que "o trabalho é bem-sucedido à medida que a ideia o permeia e penetra, o informa e anima... A história e o romance, a ideia e a forma, são a agulha e o fio...".

Não é difícil compreender a posição nuclear da ideia na elaboração da história. Mas na prática costuma ser complicado identificá-la. Muitos criadores, não importa de que área, balançam, pigarreiam e suam frio quando perguntados sobre qual é a ideia central de sua obra. Difícil resumir algo que se localiza em um ponto de partida distante, de onde brotaram tantas ramificações a nos confundir a visão. Cadê a semente depois que ela se torna árvore? Por incrível que pareça, são inúmeros os casos em que a definição da ideia central de uma história acaba delegada à crítica, ao público ou a quem quer que se habilite a procurá-la.

Agarrar-se à ideia desde o começo é a maneira mais simples e mais lógica de trabalhar. E só traz benefícios ao autor. É no momento inicial de enunciação da ideia que se define a trajetória do trabalho, podendo-se inclusive perceber, a tempo de abortá-lo, se ele vai ou não nos levar a algum lugar.

Com uma ideia clara na cabeça, tudo flui com mais naturalidade, tudo faz sentido e converge para uma narrativa bem-sucedida. Antes de escrever o "Era uma vez", basta termos na ponta da língua a resposta a duas perguntas:

1. Sobre o que é a história?
Nesta análise, é comum confundir a ideia com o tema. São níveis de análise diferentes. Em uma história cujo tema seja, por exemplo, "as agruras da velhice", a ideia pode ser "a vida cobra de nós os erros cometidos na juventude". Em uma história sobre "amores impossíveis", a ideia pode ser "vale a pena viver e morrer por amor". O escritor Milan Kundera diz que "um tema é uma interrogação existencial". Digamos que a ideia seja uma das possíveis respostas a essa interrogação.

2. O que a história tem de especial que a faz merecedora de ser contada?

Aqui entra o fator diferencial, o ineditismo. Ideias absolutamente novas são cada vez mais raras, e já se disse que só Adão teve certeza de ser o primeiro a propor alguma coisa. Mas a forma de abordá-las ou alguns de seus aspectos relevantes precisam ser diferentes, para surpreender e despertar interesse no público. Todos estamos habituados a amores não correspondidos, litígios entre irmãos, esportistas que se desdobram para sair do ostracismo e voltar à glória, assassinos seriais com traumas de infância, famílias rivais que se consomem em atos de violência recíprocos, choques políticos, de gerações, de crenças, de posição social etc. Esses e outros temas continuam válidos, desde que as ideias que os embasem e a forma encontrada para discorrermos sobre eles tenham um toque de criatividade que cause impacto no público.

Com isso em mente (o que não é pouco), podemos seguir adiante, sem tanto medo das incertezas inerentes ao processo criativo, permitindo que a própria estrada nos ensine o que ainda não sabemos. Como diz E. L. Doctorow, "escrever um romance é como dirigir um carro à noite. Você só consegue enxergar até onde a luz dos faróis alcança, mas pode fazer a viagem inteira assim".

Narrativa é o nome do jogo

Final de campeonato. Duas equipes entram em campo. Antes de chegarem até ali, enfrentaram diversos desafios, tiveram que superar vários adversários, sofreram reveses, e agora é tudo ou nada. Torcedores de ambos os lados roem as unhas.

STORYTELLING

Alguns dos jogadores não estão no melhor de sua forma, outros nem puderam ser escalados por questões disciplinares ou contusões, há boatos em torno de negociações milionárias deste ou daquele atleta com clubes rivais. Os técnicos de cada time representam escolas estratégicas distintas: um adepto da pressão no ataque, outro convicto de que o melhor é ser forte na defesa para se lançar em contra-ataques rápidos e fulminantes. Tensão e excitação dominam a atmosfera em que todos esperam vencer, mas ao mesmo tempo temem pelo pior. E sobre toda essa excitação paira o "peso das camisas", nome poético dado à história pregressa de cada equipe, suas conquistas e feitos heroicos, a mágica escondida na tradição, que pode exercer seus poderes a qualquer momento, sobre qualquer dos contendores. Estão lançados os elementos de uma boa narrativa.

Toda história é uma busca. Não conheço definição mais simples do que essa, e infelizmente não sei quem a formulou; li em algum lugar há bastante tempo, e ela grudou na minha cabeça. Buscas pressupõem a existência de um objetivo (*goal*, em inglês). Daí a analogia com o jogo, qualquer jogo. Daí o entendimento imediato das paixões despertadas pelas competições esportivas e pelas boas histórias. O que acontece em uma luta de boxe se não o duelo final, onde se resolverá o conflito insuflado pelas coberturas jornalísticas e por declarações provocativas cada vez mais comuns entre os lutadores? *Touro Indomável*, *Rocky* e sua longa sequência, quantos filmes já foram produzidos mostrando os dramas de boxeadores, com o clássico desfecho que se assemelha ao que vemos nas grandes disputas de cinturões? A questão narrativa é tão bem demonstrada no esporte que até no wrestling, lucha mexicana ou telecatch, como ficou popularizado no Brasil há algumas décadas, ela se manifesta com extraordinária veemência. Nessas lutas, personagens, claramente definidos como heróis e vilões, se enfrentam teatralmente, fantasiados segundo os papéis que representam, encenando reviravoltas, burlando as "regras" e fazendo com que a plateia se identifique com o protagonista e torça por ele, mesmo sabendo que tudo aquilo é ficção.

Grandes clássicos da literatura foram escritos em doses homeopáticas publicadas em jornal (a principal mídia, antes da consolidação, primeiro, do rádio e, depois, da TV). E o frisson causado por suas histórias garantia a venda das edições posteriores. Todos queriam saber o que aconteceria nos capítulos seguintes, que destino aguardava aqueles personagens que gradativamente aumentavam sua intimidade com os leitores. Muito parecido com o fenômeno das telenovelas e dos seriados de hoje. Com o passar do tempo, mudou a mídia principal, mas o conteúdo que mobiliza o público continua sendo o mesmo: história.

O desconhecimento sobre o que vai acontecer no final é o que nos faz acompanhar o percurso. Como ápice da narrativa, o final tem que ser marcante, impactante e surpreendente. Contrariar a expectativa da maioria, portanto, é uma opção que precisa ser considerada. Que graça teria um jogo decisivo se soubéssemos de antemão qual seria o resultado? Que destino teriam obras como *Madame Bovary*, *Anna Karenina*, *Romeu e Julieta* e tantas outras de indiscutível qualidade e merecida repercussão se seus autores sucumbissem à tentação de lhes dar um final feliz? O que aconteceria com o *Chi-*

natown, roteirizado por Robert Towne e dirigido por Roman Polanski, se eles não resistissem ao instinto de punir o vilão Julian Cross?

Felicidade é o que cada um de nós tem como objetivo. Se nossa vida fosse um filme, é claro que buscaríamos um final feliz. Se nosso time do coração estiver disputando uma partida, nada mais natural que torçamos para que ele vença. Mas a vida está longe de ser perfeita. E, sendo metáforas da vida, as histórias não podem sempre acabar bem. Felizmente. Quando, através das histórias, podemos viver vidas diferentes das nossas e com isso aprender um pouco mais sobre a arte de viver, nada mais maravilhoso do que poder testemunhar o destino dos personagens, por mais trágico que seja, na segurança de confortáveis poltronas, com um saco de pipoca e um copo de refrigerante ao alcance da mão.

Objeto do desejo

Em um jogo de futebol, o objetivo imediato é colocar a bola dentro da meta adversária, e não permitir que o adversário faça o mesmo conosco. Consideradas as variáveis de uma partida, onde os esforços do adversário também podem ser recompensados, nos satisfazemos se, ao final do jogo, tivermos conseguido chegar ao gol mais vezes que nosso oponente. Essa é uma convenção básica, reconhecida por todos. Significa vencer o jogo.

Mas digamos que seja uma final de campeonato em que nos baste empatar ou perder com pouca diferença de gols. O objeti-

ESTRUTURANDO A HISTÓRIA

vo maior pode nos fazer comemorar mesmo diante da derrota. A identificação do objeto de desejo do protagonista dá sentido a todos os seus atos e escolhas, e nos faz compartilhar seus sucessos e frustrações.

Se lidamos com um personagem que está às voltas com uma grande descoberta nuclear, não precisamos que ninguém nos dê aulas de física. Basta sabermos que aquilo é importante para o personagem, para a trama, talvez para o futuro da humanidade. Sem maiores explicações. Nada mais chato que narrativas professorais.

Alfred Hitchcock definiu como MacGuffin aquele misterioso objeto de desejo que leva personagens a matar, morrer, se envolver em situações complicadíssimas, sem que em nenhum momento fique claro do que se trata. São os personagens fugidios, os lugares obscuros, os projetos sinistros, as pastas, os quadros, mapas, papéis, microfilmes e pen drives, com informações tão secretas que nem os roteiristas se atrevem a imaginar. Para quê? Só complicaria o ritmo da história.

Na mesma categoria se incluem os documentos inexplicáveis, como a disputada Carta de Trânsito do filme *Casablanca*, que permitiria a seu portador escapar das autoridades nazistas rumo a países não afetados diretamente pela guerra. Tudo em *Casablanca* é tão convincente — embora sem qualquer compromisso com a realidade histórica — que engolimos a tal carta como fato consumado e ficamos torcendo para que caia em boas mãos.

Toda história caminha na direção de um objetivo. Saber do que se trata, mesmo que não o compreendamos com exatidão, é o que nos basta.

Transformação

O trajeto de uma história do ponto inicial ao ponto final (lembra da metáfora da viagem?) não pode evoluir em linha reta, sem turbulências e sem que alguma transformação aconteça. Se existe algo que nos mobiliza nesta vida são as transformações: físicas, emocionais, culturais, profissionais, sociais, espirituais, de toda ordem. Algumas são desejadas, perseguidas até, mas nem por isso destituídas daquele medinho que acompanha tudo o que é novo. Gostamos de vê-las se realizando nas histórias, para nos projetarmos nos personagens com que desenvolvemos maior identificação, para anteciparmos a sensação de nossos sonhos se tornando realidade. Casamentos, mudanças de emprego, grandes paixões, viagens, enfrentamentos com situações de opressão estão entre os muitos exemplos dessas transformações bem-vindas.

Outras são rejeitadas, evitadas ao máximo, nos aterrorizam a ponto de querermos vê-las acontecendo nas histórias, para compreendermos melhor como ocorrem e aprendermos a evitar as armadilhas em que os personagens se deixaram enredar.

Transformação é o resultado inevitável dos caminhos que percorremos. O acúmulo de experiências nos transforma, o passar do tempo nos transforma, queiramos ou não, tudo se transforma, ou pelo menos nos ajuda a revelar nossa verdadeira personalidade. Isso se chama o "arco" do personagem.

Tempo

Ao definir as três unidades de ação dramática, Aristóteles começou com o tempo. Depois dele, vêm espaço e ação.

ESTRUTURANDO A HISTÓRIA

Toda história é um corte no tempo. Escolhemos a fatia em que se desenrola uma sequência de fatos que resulta em um enredo interessante, e ali ficamos. Sendo tempo a matéria-prima da vida, e vida a matéria-prima da história, nada mais natural que o tempo seja a unidade básica sobre a qual tanto a vida quanto as histórias se desenvolvem.

Histórias têm dois tempos: o *narrativo* e o *expositivo*.

O primeiro compõe a tessitura da história e delimita o período em que a trama acontece (a resolução de um crime, a duração de uma crise conjugal, o processo de superação de uma doença etc), mas nada o obriga a ser linear como na vida real. Para nossa felicidade, o tempo narrativo pode ser fragmentado, pode dar saltos para a frente e para trás, flexibilizando-se ao sabor do estilo e do ritmo que adotamos para contar nossa história.

E ele não tem nada a ver com o tempo real. *Cem anos de solidão* podem ser descritos por Gabriel García Márquez em menos páginas do que um único dia do *Ulisses* de James Joyce. As mais de duas mil páginas de *Guerra e paz*, de Leon Tolstói, nos contam uma história que se passa em um período de 15 anos. Famoso tanto pela qualidade do conteúdo quanto por sua extensão, o romance foi adaptado para o cinema, transformando-se em um filme lançado em 1956, com 208 minutos de duração, bem mais longo que a média dos filmes, porém, como acontece com todas as adaptações de obras literárias para a tela, bem mais rápido do que o tempo de leitura exigido pelo livro. Curiosamente, a autoria do roteiro faz lembrar as longas listas de compositores de samba-enredo no Carnaval brasileiro. Nada menos que oito roteiristas recebem o crédito por esse trabalho: Bridget Boland, Robert Westerby, King Vidor (que também assina a direção), Ma-

STORYTELLING

rio Camerini, Ennio de Concini, Ivo Perilli, Gian Gaspare Napolitano e Mario Soldati. Um único autor original *versus* oito adaptadores, sinal evidente das profundas diferenças existentes entre as duas formas de narrar, e da enorme dificuldade de se contar uma história em forma reduzida.

Cinema, teatro, música e dança são exemplos de artes temporais. Acontecem em um tempo fixo, e o público aloca esse tempo exato para apreciá-las. Cabe a tais formas de arte manter o público conectado, interessado e satisfeito durante o período preestabelecido. Este é o tempo expositivo.

Na literatura, o tempo expositivo está sob controle do leitor. Um livro tanto pode ser lido em algumas horas quanto em vários meses, dependendo da velocidade, da disponibilidade e do método de leitura de quem o consome. Obviamente, o tamanho de um livro influencia o tempo médio de sua leitura. O mesmo começa a acontecer no consumo de filmes ou teledramaturgia via *streaming*, onde cada pessoa pode degustar cenas e episódios no seu próprio ritmo, com direito a ver tudo de uma vez, espalhar a experiência por vários dias, semanas, meses ou anos, rever o que quiser quantas vezes quiser, como se folheasse os capítulos de uma obra literária.

Outra possibilidade deliciosa é a de criarmos histórias que não têm fim, desconstruindo a relação entre tempo e finitude.

Super-heróis, por exemplo, tendem a nos mostrar sua origem e, a partir daí, se eternizarem. Todo mundo sabe que o Super-Homem já foi Super-Boy, mas ninguém tem notícia de um Super-Ancião. Uma vez estabelecido o personagem que cai no gosto popular, ele para no tempo, e suas histórias podem ser narradas em infinitos episódios. Atores que interpretam James Bond envelhecem e saem de cena, mas o agente 007 continua sempre na mesma faixa etária, enfrentando inimigos cada vez mais poderosos.

Episódios ilimitados também acontecem em alguns seriados de TV, como *Grey's Anatomy*, *CSI* ou *Two and a Half Men*. Sua estrutura é criada para existir até quando a audiência se mantiver fiel e a criatividade dos roteiristas continuar efervescente.

No território da comunicação de marcas ocorre algo semelhante. As narrativas das marcas têm começo, mas são planejadas para nunca terem fim. Nenhuma marca confessaria a seu público que se imagina fora do mercado daqui a vinte ou trinta anos. Quando o indesejável acontece, adota-se o caminho das séries televisivas: troca-se o elenco, procura-se a despedida mais digna possível ou muda-se de assunto.

Uma questão de ritmo

Tempo e ritmo são medidas musicais. E não por acaso aparecem em nossa conversa.

Há uma musicalidade latente em todas as formas de comunicação, talvez pelo fato se sermos atingidos pela música antes de qualquer expressão artística. Quem ainda não viu um bebê sacudindo o corpinho pelo efeito da música ou se acalmando com uma canção de ninar? Desde os tempos uterinos, a criança em formação é embalada pelas batidas do coração materno, depois aprende a respirar ritmadamente, a andar em compasso binário, a bater palmas, e por aí vai. Tudo na vida é ritmo, desde a dança dos astros no céu até as ondas do mar e os movimentos do ato sexual gerador do bebê de que falávamos há pouco.

A fala tem musicalidade, os textos têm seu ritmo. É natural que as histórias se incluam nisso.

Histórias contadas em ritmo acelerado tendem a ser mais tensas. Ritmos mais suaves combinam com histórias românticas. Há uma lógica rítmica em toda narrativa, tanto no aspecto geral quanto na alternância.

Exatamente como acontece na música, qualquer que seja o ritmo dominante, o segredo da emoção reside nas pausas e variações. São as interferências no andamento padrão que nos aguçam os sentidos. Uma virada de bateria, por exemplo, corresponde a uma sucessão mais ágil de fatos que nos acelera o coração. Esse efeito emocional só ocorre porque, usada na hora certa, a quebra de ritmo nos surpreende. Músicas e histórias em permanente estado de agitação, em vez de excitar, cansam. Deixam de ser interessantes, tanto quanto músicas e histórias em monótona lentidão. Tensão e relaxamento, em planejada alternância, valorizam-se reciprocamente e nos mantêm ligados na trama.

Em uma representação gráfica, teríamos algo semelhante a montanhas-russas ou eletrocardiogramas, o que também ocorre com a chamada "curva dramática", que, embora nem sempre siga o desenho rítmico da narrativa, varia em intensidade, favorecendo o envolvimento do público e o resultado emocional da obra como um todo.

Primeiro, define-se uma batida, depois, de acordo com o número de partes em que a obra é dividida, definem-se as possíveis variações. Começar bem é fundamental, terminar superbem idem. O segredo da boa narrativa é ser atraente no início e recompensadora no final, o que não é tarefa das mais fáceis. Se "Satisfaction", sucesso dos Rolling Stones composto por Mick Jagger e Keith Richards, fosse uma história, teríamos um senhor começo que se mantém contagiante até o final. Fenômeno precioso e raríssimo, tanto na música quanto no storytelling. O desenho rítmico das melhores histórias geralmente segue a fórmula das grandes canções, como os hits dos Beatles "Yesterday", "Help", "Penny Lane", entre tantos outros que habitam o playlist de milhões de pessoas: começo sedutor, miolo envolvente, final lá em cima.

Encaminhar a narrativa para um gran finale é o que todos esperam de um contador de histórias, e é com essa expectativa de recompensa que o público identifica o tom, degusta a melodia e entra na dança.

Com a palavra (em dois tempos), o consagrado escritor argentino Julio Cortázar:

> Acho que o elemento fundamental ao qual sempre obedeci é o ritmo. Não é a beleza das palavras, a melodia, nem as aliterações. O que me preocupa é a noção de ritmo.
> O conto tem que chegar fatalmente ao seu fim, como chega ao fim uma grande improvisação de jazz ou uma grande sinfonia de Mozart.

Conflito — O poder dos vilões

Foi Aristóteles quem disse: "Sem conflito não existe ação, sem ação não existe personagem, sem personagem não há história." Ou seja, não existe história sem conflito. Mesmo que se passe no íntimo do protagonista, que seja a culpa que o leva a conflitar consigo mesmo, que seja uma doença, um vício, o enfrentamento da gula para perder peso, uma limitação como a gagueira de George VI em *O discurso do rei*. Fenômenos externos naturais, como furacões, tsunamis, vulcões, catástrofes diversas, como incêndios, naufrágios, a luta pela sobrevivência dos que se perdem na selva, em montanhas nevadas, não importa em que condições de adversidade, é sempre indispensável a presença do conflito. E ninguém melhor para conflitar do que um poderoso vilão.

O que seria de nós sem os vilões? São eles que nos desafiam e, nas narrativas clássicas, nos dão o prazer de vê-los derrotados. São eles que fascinam escritores, atores e diretores de cena, porque mexem tanto com nossos medos e são conduzidos por sentimentos tão sombrios que frequentemente se tornam mais humanos que os heróis. Não por acaso multiplicam-se os exemplos de histórias protagonizadas pelo vilão, ou por seu parente próximo, o anti-herói. E aumenta a demanda por heróis mais complexos, que ganham dimensão por seus conflitos internos e conquistam a identificação com o público graças a suas imperfeições.

Há vilões motivados predominantemente por vaidade (a madrasta de *Branca de Neve*), vingança (Capitão Gancho), distúrbios psiquiátricos (Norman Bates), aberrações comportamentais (Hannibal Lecter), ambição (todos os que buscam posição de poder, dinheiro, vantagens econômicas). Há os vilões que são vítimas de sua natureza (Godzilla, Drácula, o tubarão faminto de *Jaws*, as feras em geral), os vitimados por injunções sociais (Corleones, Sopranos e tantos mafiosos e gângsteres que povoam nossa galeria de malfeitores), e os que lutam por uma causa, estes os mais questionadores, como os terroristas, os empunhadores de bandeiras opostas às do protagonista, não necessariamente erradas (nos antigos westerns, era comum ver os índios retratados como vilões e os brancos que os oprimiam fazendo as vezes de heróis). Há vilões sem motivação aparente, ancorados apenas na objetiva frieza de sua maldade (Anton Chigurh, o impiedoso assassino interpretado por Javier Bardem em *Onde os fracos não têm vez*), assim como os temáticos adversários do Batman, do Homem-Aranha ou de James Bond. Quanto mais complexos, e quanto mais intrincadas forem suas motivações, mais interessantes são os vilões. Quanto mais empenhados em uma disputa pessoal com o protagonista, mais contribuem para uma narrativa excitante. Quanto mais ambiguidade houver em protagonistas e antagonistas, a ponto de vez por outra se confundirem, mais rico será o conteúdo da narrativa.

Histórias são trajetórias de busca, vilões são obstáculos ao sucesso dessas trajetórias. Quanto maiores os obstáculos, mais emocionantes e significativos se tornam os esforços do protagonista, e melhor se torna a história.

Políticos adoram ter vilões para sustentar suas performances. A história americana era mais fácil de contar na época da guerra fria, rendendo inclusive ótimos livros e filmes. A história de Fidel Castro foi tão beneficiada pelo antiamericanismo que vários outros líderes latino-americanos decidiram pegar carona, fazendo fila para bravatear contra os Estados Unidos, em um oportuno surto de bolivarismo. Quando há problemas internos em excesso, meter-se em disputas internacionais tem ajudado vários governos a desviar a atenção do povo, e a colocar a culpa de tudo o que dá errado em algum ponto além-fronteira.

Dilema, escolha o seu

Se quisermos apoio filosófico, há respaldo tanto no existencialismo pagão de Sartre quanto no livre-arbítrio cristão de Santo Agostinho. No centro de tudo estão as escolhas que fazemos, definindo o que somos, gerando consequências pessoais e sociais.

Personagens são o resultado de suas escolhas. É através delas que percebemos quem eles realmente são, do que são capazes, se merecem ou não nossa empatia ou simpatia.

O professor de filosofia Michael J. Sandel tornou-se um fenômeno pop introduzindo storytelling em suas aulas. O entusiasmo das plateias que disputam suas aulas e dos leitores de seus livros foi conquistado principalmente pela proposição de dilemas. Um bonde desgovernado; cinco operários desavisados sobre os trilhos, prestes a serem atropelados; um homem gordo perto de você (o personagem central) em uma ponte acima dos trilhos, entre o bonde e os operários; estão dados os elementos de um senhor dilema. Duas opções se apresentam: deixar que os cinco operários sejam atropelados ou empurrar o homem gordo para que seu corpo detenha o bonde. Com cenas desse tipo, a filosofia do professor Sandel ganha qualidades narrativas, literárias, cinematográficas, ganha vida.

Poucos personagens foram colocados diante de dilemas tão seguidos e intensos quanto o Jack Bauer da série televisiva *24 Horas*, criado por Joel Surnow e Robert Cochran, e interpretado por Kiefer Sutherland. Somando-se à ousadíssima estrutura de ação em tempo real, que, por si só, deixa a audiência eletrizada, acompanhamos o protagonista em sucessivas decisões sobre quem salvar x quem sacrificar, segurança da família x segurança do presidente da república, deveres familiares x deveres profissionais, sobrevivência x ética, razão x emoção. A cada decisão, vamos construindo nossa opinião sobre o personagem, ele sobe ou desce no nosso conceito, nos obriga a refletir sobre como agiríamos em seu lugar, acima de tudo, aumenta sua carga de humanidade e veracidade.

Na literatura e depois no cinema, uma história foi tão fundo nesse aspecto que, explicitando-o no título, se tornou expressão popular designadora das decisões difíceis. Quem lê ou vê *A escolha de Sofia* jamais esquece o pesadelo vivido pela personagem nascida no romance de William Styron, e adaptada para o cinema por Alan J. Pakula, onde foi brilhantemente interpretada por Meryl Streep.

Vamos por partes

Histórias costumam ser divididas em atos. O teatro nos habituou a essa nomenclatura. Atos são as macrodivisões da narrativa baseadas em mudanças determinantes na vida dos personagens (casamento, acidente grave, perda do emprego, conquista de posição social, grandes saltos no tempo, grandes perdas, grandes vitórias, descobertas-chave etc). Em um livro, os atos costumam ser chamados de "partes". Nas sinfonias, os atos são chamados de "movimentos". Nos filmes, eles também existem, só que não tão explícitos para o público. Uma história pode ser dividida em quantos atos quisermos, inclusive se passar em um único ato, mas a estrutura mais utilizada é a de três atos.

Primeiro ato: apresentação da situação, ocorre o incidente incitante, surgem os problemas.
Segundo ato: a situação se complica, os problemas se agravam, personagens tomam atitudes para resolvê-los, tudo desemboca em uma grave crise.
Terceiro ato: clímax da história, algo inesperado acontece, a situação se resolve.

Os atos se subdividem em "capítulos" (na literatura) ou "sequências" (no cinema), que seguem a lógica dos núcleos-chave de ação dentro de cada ato. E os capítulos e sequências se subdividem em cenas, elementos fundamentais na evolução da história, que são formadas por células de ação chamadas "beats". Não mergulharemos até os beats, chegar às cenas é o suficiente para nossa análise.

Toda cena tem um papel a cumprir no avanço da narrativa. Se for apenas cosmética, transforma-se no que chamamos de "cena gratuita", ou seja, deve ser jogada no lixo.

ESTRUTURANDO A HISTÓRIA

Esse é o arcabouço de uma trama. Nas histórias multitramas, tudo isso ocorre simultaneamente com vários eixos de ação, que podem progredir em paralelo, cruzando-se ou não em determinados pontos. Filmes como *Crash*, *Amores Perros* e *Pulp Fiction* exemplificam bem a complexidade e a riqueza das multitramas.

O storytelling aplicado a marcas fica mais claro quando o enxergamos pelo viés multitramático, e entendemos as ações de comunicação como *cenas*, que podem fazer parte de *sequências*, que podem se somar em *atos* de maior envergadura.

Fórmulas

Há várias. Não há nenhuma.

Guy de Maupassant é implacável ao afirmar que

> os artistas de primeira linha, sem dúvida, não são aqueles cujas ideias gerais sobre arte estejam constantemente na ponta da língua — aqueles cujos preceitos, apologias e fórmulas sejam abundantes e que melhor possam dizer as razões e filosofia das coisas. Habitualmente conhecemos os maiores artistas por sua prática vigorosa, pela constância com que aplicam seus princípios, e pela serenidade com que nos deixam procurando seu segredo na ilustração, no exemplo concreto.

Vacinados que estamos, desde a primeira página, contra ambições teórico-didáticas, aqui vão alguns exemplos que se propõem a nos auxiliar na estruturação de uma história.

Começando pelo básico do básico, toda história pressupõe a existência de três fases: introdução, desenvolvimento e desfecho. O que, aplicado ao storyline (maneira mais sintética de se apresentar uma história), na análise do dramaturgo Ben Brady, nos leva a três momentos fundamentais:
- Alguma coisa acontece;
- Alguma coisa precisa ser feita;
- Alguma coisa é feita.

Simples demais? OK, vamos alguns passos adiante.

Selecionei dois autores que formulam suas recomendações estruturais com letrinhas mnemônicas: Alice Adams e James Scott Bell.

Alice escolheu a quase-ordem alfabética: **ABDCE** (Ação, Base, Desenvolvimento, Clímax e Encerramento), onde alarga um pouco mais a trilogia "introdução, desenvolvimento, desfecho", acrescentando na largada da história uma "ação" que capte a atenção do público, o tal bom começo que, sempre bem-vindo, merece ser destacado.

James se prende mais aos ingredientes, espertamente enfeixados na palavra **LOCK**: Lead (personagem principal), Objective (objetivo do personagem), Conflict (conflitos, obstáculos, oposições encontradas pelo personagem na busca do seu objetivo), Knockout Ending (final impactante).

Qualquer que seja o modelo adotado, ou ainda que se prefira escapar de todos os modelos, vale ter sempre em mente a recomendação de Luis Buñuel:

O essencial em um roteiro parece-me o interesse mantido por uma boa progressão, que prende a atenção dos espectadores o tempo todo. Pode-se discutir o conteúdo de um filme, sua estética (se a tem), seu estilo, sua tendência moral. Mas ele nunca pode entediar.

Os muitos meios de se contar uma história

No capítulo de abertura deste livro, vimos a definição de storytelling formulada por Antonio Núñez, e como ele defende estarmos lidando com uma ferramenta. Embora prefira a tecnarte usada em minhas definições, concordo que fica mais natural usarmos a ideia de "ferramenta" neste momento específico.

Pois bem, os meios disponíveis para uso dessa ferramenta são praticamente ilimitados. Histórias podem ser contadas em conversas pessoais, por escrito em meios impressos ou eletrônicos, através de peças teatrais, filmes, transmissões em telas de cinema, TV, computador, tablet, celular, ou qualquer outra capaz de nos mostrar imagens e sons. Histórias também são contadas através das artes plásticas, da música, dos enredos de escolas de samba, das celebrações populares e religiosas. Renato Russo, ao compor "Eduardo e Mônica", talvez não adivinhasse que a história contada na música seria encenada em um curta-metragem de muito sucesso na internet, em campanha publicitária da Vivo para o Dia dos Namorados. Talvez também não imaginasse que seu "Faroeste Caboclo" se tornaria um excelente longa-metragem dirigido por René Sampaio.

Mas não é necessário ser tão explicitamente narrativo. Todas as canções, de alguma forma, contam histórias, algumas até fazendo questão de colocar isso no título, como "Minha História", de Chico Buarque.

O famoso *Guernica* de Picasso é um quadro extremamente narrativo. Pinturas e esculturas, aludindo a personagens reais ou fictícios, integram-se imediatamente às histórias que envolvem aqueles personagens. A Festa da Uva, as Bierfest, o Rock in Rio, as procissões católicas, as homenagens a Iemanjá no Réveillon, os rituais da Semana Santa, do Natal, do Yom Kippur, do Halloween, de Cosme e Damião, do Dia do Trabalhador, de Finados, de Ação de Graças, do Dia das Mães... tudo tem narrativa própria e pode ser encaixado como capítulo de outras narrativas. O ritual do casamento é história, como também é o das debutantes, dos aniversários em geral, das formaturas. Cantar "parabéns", mentalizar um desejo, apagar as velas, jogar o buquê, estourar o champanhe, brindar com taças cheias e tomar um gole em seguida... haja história, boas lembranças e expectativas.

Histórias se valem de mitos e ritos, recheiam de significado os momentos marcantes de pessoas, grupos sociais, cidades e nações.

Com storytelling, a velha estrutura do circo foi transformada em Cirque du Soleil. E as marcas que usamos no dia a dia se tornam parte do enredo de nossas vidas.

Capítulo 8

UM MUNDO COM BILHÕES DE PROTAGONISTAS

O escritor japonês Haruki Murakami, em sua obra *1Q84*, nos apresenta personagens que oscilam entre mundos paralelos. Um deles, Tengo, escritor e professor de matemática, em determinado momento reflete sobre o cérebro e seus mecanismos a serviço da narrativa. As reflexões de Tengo (personagem ficcional) partem de verdades científicas (reais), como o expressivo aumento do volume do cérebro humano ao longo de milhões de anos e a gritante desproporção entre o seu peso (apenas 2% da massa corporal) e seu consumo de energia (40%, segundo o personagem; 20%, segundo estudos científicos recentes). Independentemente do real consumo de energia do cérebro, já que os cientistas às vezes apresentam mais discrepâncias entre si do que com a ficção, basta sabermos que o percentual é bem mais elevado do que supõem seus exíguos 2% de massa. E são diversas as razões apresentadas para isso, desde o maior consumo de gordura animal por nossos antepassados até a necessidade do trabalho em equipe, o desenvolvimento da linguagem etc.

Mas, voltando ao personagem de Murakami, o que importa para ele é que, graças a essa evolução cerebral, o ser humano desenvolveu, entre outras, as noções de tempo, espaço e possibilidade. E suas observações fizeram-no concluir que o tempo pode se distorcer enquanto avança. É linear, mas torna-se mais lento, pesaroso, ligeiro ou agradável segundo nossa percepção de sua passagem. Tengo também nos lembra que nós, algumas vezes, alteramos a sequência dos fatos, e chegamos até a eliminar momentos como se nunca tivessem ocorrido, ou acrescentamos em nossas histórias passagens que jamais aconteceram.

Ainda segundo Tengo, o aumento do tamanho do cérebro nos proporcionou o conceito de temporalidade e, simultaneamente, nos ensinou a alterar e reorganizar o tempo.

Olhando o mundo que nos cerca, temos que concordar com o personagem murakamiano e de novo sublinhar o quanto realidade e ficção caminham lado a lado, mesmo quando descrevemos episódios concretos como a viagem de férias que fizemos há um ano.

Não por acaso a página que resume nossa história no Facebook é conhecida como "linha do tempo". O tempo faz toda diferença. Para cada um de nós, é o intervalo que separa o berço do túmulo, e todas as subdivisões a que esse intervalo está sujeito. É nesse tempo macro, ou em segmentos escolhidos dentro dele, que acontecem as histórias, flutuando segundo nossa capacidade de retenção, interpretação e reprodução dos fatos. Para ilustrar esse pensamento, vale novamente o auxílio de Miguel de Unamuno. Em determinado ponto de seu livro *Como escrever um romance*, ele diz: "*Minha lenda! Meu romance! Quer dizer, a lenda e o romance que os outros e eu, meus amigos e meus inimigos, meu eu amigo e meu eu inimi-*

go, fizemos conjuntamente a respeito de mim, Miguel de Unamuno, ou àquele que chamamos assim." E páginas adiante, completa: *"Por acaso a vida de cada um de nós é mais do que um romance? Existe romance mais romanesco do que uma autobiografia?"*

Linha do tempo

Todos os frequentadores de redes sociais, neste exato momento, estão contando suas histórias. Nos capítulos passados, têm registrados textos e fotos do que consideram relevante compartilhar. O conjunto da obra dá uma ideia do que esses personagens consideram relevante em sua existência, e fica pendurado, até prova em contrário, para sempre, no varal cibernético a que chamamos "linha do tempo".

O que antes era relatado em discretos diários e guardado em pouco manuseados álbuns de fotografias agora é aberto a um grande público. Na medida em que esse público aplaude, comenta e propaga os episódios de nossa vida, ficamos mais motivados a seguir narrando, e nos sentimos mais protagonistas do que nunca.

No século XXI, todos são heróis, todos têm opiniões sobre os mais diversos temas, todos podem ter seguidores, todos são mídia e conteúdo. É um fenômeno do nosso tempo, que se evidencia na linha do tempo on-line de cada um de nós. De um modo geral, independentemente da qualidade narrativa, somos todos storytellers e, como participantes de uma história em construção, também storybuilders e storydoers.

Capítulo 9

SIGNIFICADO

Quando começava a me firmar na carreira publicitária, fui incumbido de dirigir um documentário na Tanzânia, o que me proporcionou experiências profissionais, sociais e pessoais muito marcantes, como a que passo a descrever. Em um dos intervalos de filmagem, visitando uma tenda de artesanato, o vendedor, que tudo indicava ser dono do estabelecimento, se encantou com minha camiseta. Era uma camiseta simples de malha, estampada com o mapa do metrô de Nova York, nada de grande valor financeiro, nada de grife, nem lembro de que marca. Mas estávamos nos anos 1980 e, naquela época, peças de vestuário do chamado "mundo ocidental" tinham status de raridade em solo tanzaniano. O vendedor insistia constrangedoramente para que eu trocasse a camiseta por um número cada vez maior de objetos artesanais cujo valor excedia em muito o preço da minha modesta roupa. Chegou a fazer propostas por minha calça jeans e por meu tênis, que eu obviamente recusei por não poder desfilar descalço e de cuecas pelos arredores de Dar Es Salaam, antiga capital onde me encontrava. Isso o vendedor compreendia. Mas a recusa em negociar a camiseta parecia ofendê-lo. O problema é que a camiseta tinha história e, por ter história, significava muito para mim: era presente de Dia dos Namorados, recebido de minha esposa, que estava grávida de nossa primeira filha, aguardando meu retorno ao Brasil, o que levaria um longo mês para acontecer. Simplesmente não era possível trocá-la por nada que aquele negociante inquieto pudesse me oferecer.

Antes de me tornar publicitário, em minha breve atuação como advogado de família, dentre os casos de separação que acompanhei, um me chamou especial atenção. O casal decidia civilizadamente a partilha de seus bens. Nenhum problema quanto aos imóveis, veículos, objetos de alto valor. A reunião fluía na maior tranquilidade, até que nos deparamos com o álbum de fotografias do casamento. Pronto, manifestou-se a discórdia. Não importava que fosse um casamento desfeito, aquelas imagens eram muito significativas na história de ambos, e desse significado nenhum deles queria abrir mão.

Quem não tem objetos de estimação, músicas que desencadeiam lembranças, lugares especiais onde fatos relevantes aconteceram?

Histórias ficcionais, espelhadas como são na realidade, não têm finalidade maior do que a de transbordar significado. A Grande Literatura, por exemplo, é definida por Ezra Pound como *"linguagem impregnada de significado no maior grau possível"*. Uma definição que certamente abrange todas as plataformas de conteúdo narrativo.

Bons roteiros de cinema, assim como boas campanhas publicitárias, são construídos sobre uma ideia central. A frase que expressa essa ideia é a chave de seu significado. Não é a *big idea* sempre necessária, não é o tema da história, nem algo

SIGNIFICADO

parecido com um slogan. É o trilho onde desliza a narrativa em uma camada mais profunda, dando-lhe especial relevância, flertando com o filosófico, algo do tipo "O amor é mais forte que tudo", "Quem humilha será humilhado", ou "O mal é mais atraente que o bem". Um ponto de vista defendido por aquela narrativa específica, muitas vezes contrário às convicções do próprio autor, sem pretensão de ser a famosa "moral da história", mas que nos leva a alguma reflexão, ainda que imperceptível, sobre a vida e a natureza humana. É ali, naquele ponto equivalente ao que os profissionais de marketing e comunicação conhecem como manifestação do "propósito da marca", que se encontra o significado.

Significado é a pérola minúscula dentro de uma concha gigante.

Dizer que uma pessoa significa muito para nós é dar-lhe um atestado de especial importância. Qualificar um momento como significativo é destacá-lo em nossa linha do tempo. Invertendo o ângulo, pense na carga depreciativa da palavra "insignificante".

Digitando "significado" em um site de buscas, percebemos o quanto as pessoas se interessam pelo significado dos nomes, dos sonhos, de tudo que nos cerca.

Significar, além do imediato sentido de "querer dizer", também é o próprio sentido. Não se limita ao "dar a entender", chegando ao próprio "ser", "constituir". É o verbo perfeito para evocarmos a Torre de Babel visitada em nossas primeiras páginas, relembrando o uso da metáfora idiomática para "significar" a dificuldade humana de comunicar sentimentos e atuar coletivamente.

E é aqui que concluímos a primeira parte deste livro, exatamente no ponto que interessa ao marketing, nosso foco principal a partir de agora.

Por que as marcas acordaram para o storytelling?

Porque perceberam que não é suficiente simbolizar este ou aquele produto. Porque precisam de Significado (com "S" maiúsculo), muito além de sua funcionalidade, praticidade, ingredientes ou preço. As marcas descobriram que valem pouco e tendem à extinção precoce quando se restringem a um relacionamento pragmático e superficial com as pessoas. Por isso, correm para organizar suas histórias, redimensionar seu valor intrínseco, adquirir novos significados que lhes possibilitem papéis de maior relevância nas narrativas da vida de seus usuários, transformando-os em multiplicadores, conarradores e, em última instância, definidores do que a marca significa. Sim, há uma guinada de 180 graus na posição narrativa entre marca e consumidor. Como bem destaca Mark Batey em seu livro *O significado da marca*, "embora as empresas criem identidades de marca, o significado desta é criado pelas pessoas. O significado é o cerne do comportamento do consumidor e está sempre aberto à negociação e à interpretação". Complexo, mas inevitável. É o mesmo autor quem conclui em outro momento: *"Os indivíduos não são receptores passivos de significados criados por algum agente ou autoridade externa. Ao contrário, envolvem-se ativamente no processo de significação — a produção de significado que pode ser evasivo, vago, flutuar e ser difícil de definir. Não importa: a busca pelo significado, em todas as suas formas, está entranhada em nossa psique."*

SIGNIFICADO

Em outras palavras, estamos tratando de narrativa compartilhada, storytelling colaborativo, exigência de um mundo que substituiu o "eu falo, você ouve" por "nós dialogamos a respeito da história que melhor traduz o que significamos um para o outro".

Parte II

MARCAS QUE CONTAM

"Uma empresa sem uma história é geralmente uma empresa sem estratégia."

Ben Horowitz

Capítulo 10

CADA MARCA QUE CONTE A SUA

Pessoas jurídicas são ficções registradas na forma da lei. Decidem seu capital e sua composição acionária, escolhem um nome, têm um endereço (sede), cumprem os trâmites burocráticos e começam a existir. A partir daí, exercem a atividade a que se destinam, abrem contas bancárias, fazem investimentos, contratam empregados, montam uma estrutura, produzem, pagam impostos, ganham uma história.

Algo semelhante acontece com as marcas. São entidades ficcionais exploradas na maioria das vezes por pessoas jurídicas, personagens que habitam o mundo real e esbarram conosco a todo momento.

Como acontece com as pessoas, físicas ou jurídicas, toda marca tem uma história, disso não há como escapar. Mas existe a opção de deixar que a história seja contada e interpretada livremente por usuários e concorrentes, ou seja moldada pelos donos da marca.

Moldada seria um eufemismo para falseada? De jeito nenhum.

Tomemos por exemplo os artistas. Todos têm uma imagem pública que precisa ser cuidada, e não corresponde exatamente à realidade. Imagine o que seria de Lady Gaga se, dentro de sua casa, ela fosse obrigada a usar os figurinos e manter as atitudes extravagantes que a consagraram nos palcos. E Madonna? E David Bowie? Quando nomeamos os excêntricos, fica mais fácil, mas todas as figuras públicas, não só no meio artístico, em maior ou menor grau, se mantêm dentro dos personagens que traçaram para si. Em última análise, são marcas. Se é lícito a um político, um magistrado ou um líder religioso comportar-se publicamente de forma diversa da que se comporta na intimidade (falo aqui somente da liturgia dos cargos, não dos aspectos éticos e morais), por que não seria lícito a uma marca, que é fictícia desde o nascimento, fazer o mesmo?

Muito antes de o storytelling ingressar no vocabulário da publicidade e do marketing, David Ogilvy definiu marca como "a soma intangível dos atributos de um produto: seu nome, sua embalagem e preço, **sua história**, sua reputação e a forma como é anunciada". (destaque nosso)

Marcas têm o direito de criar uma história do zero, elaborar sua lenda e seus mitos. Ou ficar caladas, deixando que boatos fora de controle delineiem sua imagem, o que é meio caminho andado para o desastre.

Marcas são personagens. Quando David McKeena sintetiza a equação fundamental do personagem como **desejo + ação + obstáculo + escolha**, percebemos o quanto esses quatro elementos são comuns às marcas. Todas elas nascem com o desejo de cumprir seu papel no mercado, precisam se colocar em movimento para que esse desejo seja atendido, normalmente encontram uma série de obstáculos e são forçadas a fazer escolhas, de tecnologia, de público, de tom, de área geográfica, de comportamento perante a concorrência, escolhas das mais variadas em forma e conteúdo. É desse quarteto de elementos que decorre seu storytelling.

Sempre que possível, as marcas devem aproveitar elementos factuais que reforcem a credibilidade de sua história. Em nome da eficácia narrativa, como vimos antes, não se pode descuidar da estidade, o que obviamente, insisto, se aplica a todas as pessoas públicas. Ernest Hemingway não seria um escritor tão cultuado se não tivesse se envolvido diretamente em conflitos como a Guerra Civil Espanhola. Charles Bukowski teria diminuída a força de sua escrita se não fosse o alcoólatra de vida desregrada que destilava nos textos sua experiência pessoal. Pense em alguém famoso, e aí estará mais um exemplo de correspondência entre vida real e imagem projetada, uns mais, outros menos. Quanto maior a ancoragem na realidade, mais firmes, autênticas, convincentes e envolventes serão as histórias.

No fim das contas, tudo é ficção — o que não significa falsidade — e deve ser alicerçado em bases verdadeiras. Fantasia e realidade se combinam de modo a estimular a imaginação do público e favorecer a boa receptividade da marca. A despeito dessa combinação, é prudente enxergar com clareza o limite entre **história de percurso** (hereditária, factual, real no sentido estrito da palavra) e **história de sustentação atitudinal** (planejada, filosófica, ficcional no sentido estrito da palavra). A divisão entre ambas pode ficar imprecisa ou mesmo invisível em certos momentos, o que, embora pareça ruim, é altamente desejável.

Capítulo 11

UMA LIVRARIA À BEIRA DO SENA

37 Rue de la Bucherie, Paris. Na Rive Gauche, vislumbrando do outro lado do rio a Catedral de Notre Dame, existe uma pequena e charmosíssima livraria. Inaugurada como Mistral em 1951, adotou pouco mais tarde o nome que ostenta até hoje: Shakespeare and Company.

Seu fundador, um americano cuja vida cheia de viagens e reviravoltas parece extraída de um romance, chamado George Whitman, tornou-se figura lendária nos meios literários parisienses. Passava todos os seus dias na livraria, respirava livros e recebeu em 2006 o título de Officier des Arts et Lettres concedido pelo Ministério da Cultura da França por sua contribuição às artes. Morreu em 2011, no discreto apartamento situado em cima da livraria, dois meses após sofrer um derrame, durante os quais manteve-se fiel ao hábito da leitura, cercado pela filha, os amigos e dois animais de estimação: um cão e um gato.

A primeira sensação causada pela Shakespeare and Company é de encanto. Parece resultado de uma viagem no tempo, com suas instalações que poderiam estar em um museu, e as prateleiras repletas de obras selecionadas por um critério que contraria as tendências do business livreiro, escapa dos bestsellers, concentra-se nas raridades. A segunda sensação, inevitável após alguns minutos de contato, é um misto de curiosidade e preocupação. Como conseguiram sobreviver até hoje? Como continuarão sobrevivendo?

A única resposta que parece fazer sentido é: história.

Começando pelo nome, uma homenagem à livraria aberta no início do século XX por Sylvia Beach, que ajudou a publicar *Ulysses* de James Joyce quando todas as editoras o rejeitavam e acolhia generosamente escritores e aspirantes, emprestando-lhes os livros de que necessitassem. Para melhor dimensionamento, basta dizer que, além de Joyce, Ernest Hemingway, Scott Fitzgerald e Gertrude Stein figuravam entre seus frequentadores e beneficiários. Capítulo triste: a livraria original foi fechada durante a Segunda Guerra. Virada no roteiro: George Whitman decide renomear sua Mistral em homenagem ao estabelecimento e à mulher que tanto admirava. Uma admiração tão profunda que o levou a batizar sua única filha, nascida em 1981, como Sylvia Beach Whitman.

A fidelidade a todos os fundamentos da Shakespeare and Company original, inclusive o do acolhimento aos que batalhavam pela escrita, fez com que Whitman recebesse em sua livraria alguns astros da Geração Beat, como Allen Ginsberg e Jack Kerouac. Tudo ali, até hoje, sinaliza comprometimento pessoal com a literatura, e foi certamente esse caráter de autenticidade que levou a pequena loja a se tornar cenário privilegiado de outras narrativas.

Antes do pôr do sol (*Before Sunset*), filme de 2004, roteirizado em parceria do diretor Richard Linklater com a produtora Kim Krizan e os atores protagonistas Julie Delpy e Ethan Hawke, deu grande destaque à livraria. *Meia-noite em Paris*, sucesso escrito e dirigido por Woody Allen, lançado em 2011, é outro filme que alimenta o poder de sedução daquele icônico endereço.

Obviamente, também na literatura a Shakespeare and Company garantiu seu espaço. *Paris é uma festa* (*A Moveable Feast*), de Ernest Hemingway, lançado em 1964, relata a íntima relação do autor com a livraria ainda em seu endereço inicial, sob o comando de Sylvia Beach. E, antes dele, a própria Sylvia lançou em 1919 a autobiografia *Shakespeare and Company — Uma livraria na Paris do entreguerras*. Muitas histórias convergindo para o mesmo ponto, trazendo visões diferentes e conteúdo cada vez mais significativo para a marca que, até onde se sabe, nunca fez do marketing sua bússola, mas sempre foi conduzida por apaixonados pelo storytelling.

Como um autor que competentemente escreve a própria história, George Whitman, ao batizar sua filha com o mesmo nome da fundadora da primeira Shakespeare and Company, reatou a realidade presente ao passado distante, adicionando ainda mais mágica ao feitiço acumulado por tantos anos.

Em minha primeira visita à livraria, Whitman andava de um lado para o outro, ajeitando livros, cuidando das coisas. Vestia calças largas como as de um pijama e um camisão solto, roupas que pareciam ter saído com ele diretamente da cama. Uma figura excêntrica totalmente à vontade em seu habitat natural.

Na última visita, em 2013, ele já havia partido. Mas bem na entrada, painéis sequenciais em inglês, com tipologia que remete ao manuscrito, apresentavam aos passantes um resumo da história do lugar, contada pelo próprio Whitman, ainda saudável, mas já cuidando da sucessão. Sob o título "Paris Wall Newspaper", lia-se a data, 1º de janeiro de 2004.

Em uma tradução livre, dizia ele:

Algumas pessoas me chamam "O Dom Quixote do Quartier Latin", porque minha cabeça está tão alto nas nuvens que posso imaginar que todos nós somos anjos no paraíso, e em vez de ser um livreiro bem-intencionado, eu sou mais uma espécie de romancista frustrado.

Esta loja tem cômodos, como capítulos em um romance, e o fato de Tolstói e Dostoiévski serem mais reais para mim do que meus vizinhos próximos, e ainda mais estranho para mim ser o fato de que, mesmo antes de eu ter nascido, Dostoiévski escreveu a história de minha vida em um livro chamado *O Idiota*, e desde então lê-lo tem sido buscar a heroína, uma garota chamada Natasia Filipovna.

Cem anos atrás, minha livraria era uma loja de vinhos escondida do Sena por um anexo do Hotel Dieu Hospital, que foi demolido e substituído por um jardim.

Mais atrás, no ano 1600, nosso edifício inteiro era um mosteiro chamado "La Maison du Mustier". Nos tempos medievais cada mosteiro tinha um frade "lampier", cuja função era acender os lampiões ao cair da noite. Eu tenho feito isso por cinquenta anos. Agora, é a vez de minha filha.

Este é o exemplo de storytelling mais simples que encontrei. Narrativa fácil de uma história cheia de conteúdo. Totalmente baseada em fatos reais, em um ambiente que reúne literatura e personagens apaixonados pelo que fazem.

UMA LIVRARIA À BEIRA DO SENA

Uma livrariazinha só, diriam os dirigentes de empresas complexas. Com muito a ensinar às grandes marcas, digo eu.

Shakespeare and Company é uma história de superação, um exemplo de resistência que, como bem metaforiza Whitman em seus painéis, acende seu humilde lampião todo final de tarde, dribla a escuridão, atua como farol.

Na categoria de marcas alicerçadas em histórias de percurso, guardadas as proporções, também estão os estabelecimentos que ganharam fama por seus fundadores e frequentadores. No mesmo Quartier Latin de Paris, encontramos o café Les Deux Magots, favorito de Sartre e Beauvoir; o restaurante Le Procope, fundado em 1686, que, se não tivesse acolhido clientes ilustres como Rousseau, Voltaire, Robespierre, Danton, Benjamin Franklin, Thomas Jefferson e Napoleão Bonaparte, continuaria sendo histórico por sua impressionante longevidade.

Mudando de Paris para Liverpool, quem já não ouviu falar do Cavern Club? O ponto mais icônico da cidade, conhecido mundialmente graças aos Beatles, continua atraindo multidões de turistas. A poucos metros dali, na esquina da Mathew Street, um hotel se beneficia da história e da música que ainda ecoa na vizinhança. O Hard Days Night Hotel se reveste da mística dos Fab Four em todos os detalhes. Da recepção aos quartos, passando por uma bela exposição de fotos escadaria acima, tudo remete aos Beatles, cujo repertório é tocado em todos os ambientes, revivendo a trilha sonora da vida de tantos hóspedes.

Falando de hotéis, temos os que ocupam castelos, antigos mosteiros, se localizam no coração de pontos históricos, os que ostentam respeitáveis listas de hóspedes, que abrigaram pensadores, artistas, políticos, megaempresários, ou encontros significativos para as artes, a política, a economia, enfim, algo suficientemente relevante para ocupar espaço privilegiado na memória das pessoas.

Casas tradicionais dedicadas a diferentes atividades integram uma rica lista de exemplos transformados em atrações turísticas, como o Gran Café Tortoni, em Buenos Aires, e a Confeitaria Colombo, no Rio de janeiro. Outras, menos históricas, mas igualmente ancoradas na tradição, incluem restaurantes como a Famiglia Mancini, em São Paulo. E, independentemente do grau de tradição, nada é mais comum do que restaurantes que exibem fotos e autógrafos de seus frequentadores famosos, ou nomeiam pratos em homenagem às receitas prediletas desta ou daquela celebridade.

Há as padarias que apregoam algum famoso pãozinho, os bares badalados pelo currículo, pelo chope tirado de um jeito diferente, ou por algum carinho especial com os clientes cultivado ao longo do tempo. Há o Bracarense e o Jobi no Leblon, o São Cristóvão na Vila Madalena, tantos e tantos por inúmeros bairros e cidades, cujas histórias se entrelaçam com as de seus habitués.

UMA LIVRARIA À BEIRA DO SENA

Assista aqui ao vídeo que ilustra este capítulo:

Capítulo 12

PEQUENOS GRANDES MUNDOS

—·—

As marcas alavancadas por contextos históricos se beneficiam em moldes semelhantes aos das cidades? Certo.

Quer dizer, então, que não podemos lhes creditar o mérito por seu storytelling? Errado.

Antes de mais nada, cidades também são marcas. Têm histórias de percurso: fundador e data de fundação, episódios e pessoas que se destacam, proezas, heróis, características de que se orgulham. Assim como têm histórias de sustentação atitudinal, com sua cota de mitologia construída. Todas as cidades convivem com essas duas narrativas; umas com mais evidência em certos aspectos, outras com menos; umas narrando com mais competência, outras com menos.

Varginha, no sul de Minas Gerais, cujos primeiros documentos datam de 1780, é cidade com forte vocação agrícola, destacando-se na produção de café, produto do qual se tornou importante exportadora. Indústria e serviços gradativamente aumentaram sua participação na economia local, mas nada que a impulsionasse além da posição de simpático município de médio porte, ou lhe trouxesse fama especial. Até que, em 1996, surgiu seu grande alavancador de notoriedade: um

ET. Falso? Verdadeiro? Testemunhado? Imaginado? Não importa. Estejamos nós diante de um fenômeno a ser celebrado por ufólogos, uma alucinação, um delírio, ou não mais que um interplanetário mal-entendido, o fato é que o ET de Varginha tornou-se o grande personagem da cidade, astro de várias versões, suposições e especulações. Graças a essa misteriosa história, Varginha tem hoje um monumento em forma de disco voador e uma estátua de seu famoso ET, atraindo a atenção de visitantes e estimulando a fabulação em torno da cidade.

OK, não é sempre que uma cidade recebe um protagonista descido do céu. Vamos continuar no mesmo estado, visitando agora Ouro Preto. Ah, não! Covardia, dirão alguns. Ouro Preto é a essência da cidade histórica, Patrimônio Cultural da Humanidade, berço da Inconfidência Mineira, respira história em cada detalhe arquitetônico. Tudo isso é verdade, como também é inegável que a cidade faz excelente uso de seu potencial e se mantém encantadoramente jovem. Comparando-a com outras cidades históricas brasileiras, sem julgamentos mais complexos, podemos perceber que o percurso histórico sozinho não faz milagres. Os bons resultados dependem essencialmente de como a história é narrada e preservada.

Mudemos então de categoria, partindo para Itu, no interior de São Paulo. Não há registro de fatos extraordinários, nem de ETs encontrados na cidade. Mas houve um importante personagem que transformou sua percepção, chamado Simplício. Em 1967, o ator Francisco Flaviano de Almeida, que atuou no primeiro programa de humor da televisão brasileira (*A praça da alegria*, na TV Tupi), chegou à TV Globo. Na nova emissora, seu personagem, Simplício, passou a se referir a Itu como a terra onde tudo é grande. A partir da brincadeira humorística com sua cidade natal, o ator fez com que Itu adquirisse essa fama, que se tornou seu principal patrimônio de comunicação, gerando inúmeras histórias e produtos de tamanho exagerado que continuam até hoje realimentando o mito.

No outro extremo do mundo, a milenar Pequim se dá o luxo de ter dentro de si uma outra cidade. Diante da Praça da Paz Celestial, ergue-se imponente a Cidade Proibida, antigo reduto imperial. Andar por ali é como voltar no tempo, ou passear pelo famoso filme de Bernardo Bertolucci, *O último imperador*. Sim, independentemente da bagagem histórica trazida por qualquer cidade, seu envolvimento em quaisquer outras narrativas tem grande efeito potencializador. Que o diga Los Angeles, abrigando em seus domínios a máquina narrativa de Hollywood. Ali, uma história puxa outra, os bastidores são trazidos para o primeiro plano, como se fossem estrelas arrastadas para um passeio interminável na calçada da fama.

Através dos filmes, muitas cidades se tornam tão íntimas que passam a fazer parte de nossa história pessoal. Não há como visitar Nova York e não se sentir dentro de várias cenas, não perceber que existe ali uma proximidade construída a distância. Muitos cineastas fizeram de Nova York seu campo de trabalho. Woody Allen o fez com mais intensidade, e o resultado foi tão positivo que outras cidades passaram a lhe encomendar narrativas. Graças a isso, os cinéfilos foram brindados com *Vicky Cristina Barcelona*, *Para Roma com amor* e *Meia-noite em Paris*. Sem contar com a obra anterior a esses filmes, *Match Point*, que, mesmo sem foco na cidade, nos mostra uma Londres contemporânea e sedutora raramente apresentada nas telas.

STORYTELLING

Enfim, Londres. Sherlock Holmes parece ainda morar em Baker Street, os Beatles parecem atravessar diariamente a faixa de pedestres de Abbey Road, a troca da guarda em Buckingham segue acontecendo como em um ritual de conto de fadas, enfeitado por carruagens, reis, rainhas e casamentos de sonhos principescos. Pergunte a uma menininha de 5 anos como ela gostaria de se vestir em uma festa à fantasia e a probabilidade de ouvir "princesa" é enorme. As histórias infantis estão repletas de princesas, a ponto de fazer com que a palavra se tornasse sinônimo de beleza, e em nenhum outro lugar a monarquia é mais celebrada do que em Londres. Graças à literatura, ao cinema, às tradições mantidas, aos símbolos que desfilam pelas ruas, como táxis diferenciados, cabines telefônicas, ônibus pitorescos, e até aos grandes assassinos, a começar por Jack, o Estripador, Londres é um caldeirão de histórias. Algumas reais, outras fictícias, todas se misturando em uma atmosfera que permite sair de um museu ultramoderno para fazer uma excursão por lugares mal-assombrados, passar no Globe Theatre para reverenciar Shakespeare e depois assistir a performances experimentais em algum recanto hi-tec.

Voltando à importância da música no storytelling, nunca é demais recordar os clássicos como "New York, New York", "I Left My Heart in San Francisco", "Garota de Ipanema"e "Sampa" e, entre outros, que tanto enriquecem a imagem e as histórias das cidades homenageadas.

Cidades de todos os tipos e tamanhos podem se beneficiar do storytelling. Basta consultar seu histórico em busca de algo relevante. E se nada houver que possa resultar em uma boa história, sempre existe a possibilidade de criar um mito, desenvolver uma narrativa e, a partir daí, fazer com que seus habitantes vivam felizes para sempre.

Capítulo 13

TEMÁTICOS

Toda história parte de um tema. Vale para tudo, desde países, estados e cidades, até hotéis, restaurantes, parques, marcas comerciais e pessoas.

Quando se vai ao Hard Rock Café, Planet Hollywood, All Star Café, Rainforest Café, T-Rex Café, ou qualquer outro que adote um tema específico, a fome a ser saciada é muito mais de experiência do contexto do que de alimento. Nenhum dos exemplos citados parte de fatos históricos, mas todos tentam se apropriar de fragmentos da história do rock, do cinema, dos esportes, das florestas, dos animais pré-históricos, e é na ambiência que reside sua mágica.

Hotéis temáticos são muito comuns em Las Vegas e nas zonas de influência dos grandes parques de diversão, embora também caibam em cidades como Liverpool, conforme já vimos.

Parques, pela amplitude de sua interação com o público, são os que conseguem extrair mais benefícios da tematização, abrigando em sua área hotéis e restaurantes que aderem à sua temática, colocando personagens em contato direto com os frequentadores, transformando histórias em experiências sensoriais.

STORYTELLING

Empresas como Disney e Universal mudaram radicalmente a percepção da cidade de Orlando. Elas desenvolvem mundos de fantasia e entretenimento onde se pode participar de uma aventura com o Homem-Aranha, andar na montanha-russa inspirada pelo Incrível Hulk, despencar com o elevador de um hotel-fantasma da série *Além da imaginação* (*Twilight Zone*), viajar com Dumbo, voar com Peter Pan, esbarrar com Popeye, viver cenas de filmes como *Star Wars*, *Tubarão*, *De volta para o futuro*, *Indiana Jones*, *Harry Potter*, ser encolhido em uma experiência científica atrapalhada, ou simplesmente flanar entre países no Small World (para crianças mais novas) e no Epcot Center (para adultos, jovens e crianças com maior capacidade de compreensão).

Nos parques temáticos há tangibilização de histórias e criação de mundos, e nenhuma empresa conseguiu atuar nessa área com mais competência que The Walt Disney Company.

Capítulo 14

DISNEY.

Simples como desenhar um rato

Era uma vez um menino americano que não tinha certidão de nascimento. Seu pai, muito rigoroso, lhe impunha castigos tão pesados que ele passou a acreditar que havia sido adotado. Antes de completar 18 anos, participou da Primeira Guerra Mundial, dirigindo ambulâncias da Cruz Vermelha na França. De volta aos Estados Unidos, estudou arte, trabalhou em agências de propaganda, até ser contratado por uma companhia cinematográfica, onde atuava na produção de cartazes.

Talvez influenciado pelo convívio publicitário, adotou para si um slogan que dizia muito sobre sua personalidade: *Keep moving forward*. E, nessa determinação de avanço ininterrupto, tornou-se dublador, roteirista, animador, produtor cinematográfico, cineasta e fundador de uma das empresas mais influentes do mundo. Tão influente que criou um outro mundo, onde as pessoas podem se refugiar do mundo real, regido pelas regras básicas da magia e da fantasia.

Quando descobriu que levava jeito para animar figuras desenhadas, Walter Elias Disney abriu uma pequena produtora com os sócios Rob (seu irmão) e Ub Iwerks (seu amigo). Sua especialidade: animar contos de fadas. Os primeiros personagens de sucesso criados pela empresa — a menina Alice, que contracenava com desenhos animados, e Oswald, um coelho de muita sorte — foram roubados por um contratante, que, além de se apresentar como autor dos personagens, levou consigo toda a equipe de Walt. Um grande revés, capaz de derrubar qualquer sonhador no início de sua arrancada, mas não suficientemente forte para desanimar um especialista em histórias de superação, educação e maturação. Foi-se Alice, foi-se Oswald, mas tudo se arredondou na forma de um rato. Mickey Mouse, desenhado a partir de círculos, surgiu dos labirintos da imaginação para o estrelato, abrindo caminho para novos personagens, animais humanizados, que povoariam o mundo fantástico, concebido, produzido e conduzido por uma nova empresa chamada The Walt Disney Company.

O elenco de personagens originais Disney, onde, no rastro de Mickey, brilham sua namorada, Minnie, o Pato Donald com Margarida e os três sobrinhos (Huguinho, Zezinho e Luizinho), Pateta, Tio Patinhas, Professores Pardal e Ludovico, Pluto, e os vilões João Bafo-de-Onça, Irmãos Metralha, Mancha Negra, Maga Patalógica, e tantos outros, parece não ter fim. Há os que correm por fora, como os criados para homenagens pontuais como o Zé Carioca, os desdobramentos de personagens como o Super-Pateta, e os que não param de surgir em uma sequência impressionante de narrativas. Além de criar, a Disney nunca deixou de buscar histórias, como a profundamente arquetípica *Cinderela*, cuja autoria se perde no tempo entre versões que vêm desde 860 a.C., na China, até a de Charles Perrault, em 1697, na França, passando por outra italiana e finalmente desembocando na alemã, dos irmãos Grimm. Levada ao cinema por Disney, *Cinderela* conquistou corações e fixou seu castelo no centro dos parques com que a empresa tornaria tangível seu universo ficcional.

Também de autoria indeterminada, e novamente passando pelos irmãos Grimm, *A Bela Adormecida* e *Branca de Neve e os Sete Anões* tornaram-se clássicos Disney a colorir os sonhos românticos de crianças no mundo inteiro. *Pinóquio*, *Peter Pan*, *Bambi*, *Dumbo*, *Mogli* e *A Bela e a Fera* são outros exemplos de histórias preexistentes que foram potencializadas pelos desenhos animados Disney, assim como *Winnie — o Ursinho Pooh* (criado pelo escritor Alan Alexander Milne), *A pequena sereia* (baseada em um conto de Hans Christian Andersen), *A dama e o vagabundo* (baseado em um conto de Ward Greene), *101 dálmatas* (baseado no livro de Dodie Smith), *Aladdin* (baseado em um tradicional conto árabe), enfim, uma interminável relação de histórias edificantes destinadas à família.

Não poderíamos deixar de reverenciar *O Rei Leão*, um dos maiores sucessos na animação cinematográfica de todos os tempos, que trata da ascensão de Simba ao trono da floresta, em trama com influências shakespearianas (*Hamlet*), e o doce *Bambi*, outro personagem Disney maltratado pela morte do chefe da família. *O Rei Leão*, embalado por uma trilha sonora de altíssimo nível, saiu das telas para o teatro musical, conquistando lugar de honra também na Broadway. E a morte da mãe de Bambi continua sendo considerada uma das cenas mais tristes do cinema, aumentando em milhões de crianças a valorização da presença materna.

Mas os domínios desse mundo encantado não se restringem aos desenhos. *A ilha do tesouro*, *Vinte mil léguas submarinas*, *Mary Poppins* e *Se meu fusca falasse* ilustram bem o quanto a empresa foi além da ilustração.

STORYTELLING

Recordista do Oscar, com 59 indicações e 22 estatuetas arrematadas, Walt Disney criou a Disneyland na Califórnia, que resultou na Disneyworld da Flórida, que se desdobrou em 11 parques temáticos, que partiram dos Estados Unidos rumo a França, Japão e Hong Kong.

O sucesso possibilitou a abertura de várias frentes: produção de filmes adultos, redes e canais de televisão. Foi exatamente quando tudo parecia possível que a Disney demonstrou o absoluto domínio de sua história. Já era grande e forte o suficiente, já detinha uma poderosa rede de TV aberta (ABC) e um canal de esportes (ESPN), mas manteve sua marca a distância. Preferiu reservar o nome, construído com letras arredondadas e macias, ao Disney Channel e seus desdobramentos naturais.

No cinema, encarregou a Touchstone Pictures de produzir os roteiros destoantes, ainda que por pequena margem, da narrativa Disney, como *Três solteirões e um bebê*, *Uma cilada para Roger Rabbit*, *Sociedade dos poetas mortos*, *Uma linda mulher* e *Bom dia, Vietnã*.

Em 1994, um filme quebrou várias regras, ganhando imediato status cult. Chamava-se *Pulp Fiction* e contava três histórias interligadas: Vincent Vega e a esposa de Marcellus Wallace, O Relógio de Ouro e A Situação Bonnie. A narrativa fragmentada do roteirista e diretor Quentin Tarantino era repleta de violência, drogas e diálogos tensos, apimentados, engraçados. Um filme tão ousado que a TriStar Pictures, que a princípio o distribuiria, desistiu de fazê-lo, classificando-o no primeiro momento como "demente demais", e mais adiante como "a pior coisa já escrita [...] muito longo, violento e infilmável". Sorte da Disney, que, tendo na época adquirido a Miramax, pôde participar dessa quebra de paradigma, totalmente incompatível com seu território narrativo, através da empresa recém-adquirida.

Mas nem todas as associações da Disney a outras empresas se destinam ao alargamento de público ou do potencial de ousadia temática. No outro extremo, da perfeita adequação e sintonia, encontramos a Pixar. O oxigênio trazido pela inovadora empresa ao perfil tradicional da Disney resultou em uma química espetacular, de onde já surgiram obras-primas como *Toy Story*, *Procurando Nemo*, *Vida de inseto*, *Monstros S.A.*, *Os Incríveis*, *Wall-E*, *Ratatouille* e *Up — Altas aventuras*. Muitos dos personagens nascidos dessa parceria convivem na mais absoluta harmonia com os grandes clássicos da Disney, e já se tornaram atrações nos parques temáticos da empresa. É comum encontrarmos, nas paradas da Disneyworld, Woody, Buzz Lightyear, Jessie e o casal Cabeça de Batata, desfilando ao lado de Nemo, Pateta, Capitão Gancho, Donald e Branca de Neve, todos sob o comando do mesmo maestro que regeu "O Aprendiz de Feiticeiro" no abusadíssimo *Fantasia*, de 1940.

Em artigo publicado em janeiro de 2012 no Ad Age / blogs, Al Ries menciona uma pesquisa da Interbrand realizada em 1996, que apresenta um ranking das marcas mais valiosas do mundo. A primeira posição desse ranking é ocupada pela Disney. Depois dela vem a Coca-Cola. De lá pra cá, outras marcas surgiram e a situação certamente se modificou, mas a Disney continua valendo uma fortuna, toda ela gerada pela capacidade de contar histórias e pela fidelidade à imagem construída ao longo do tempo.

Quando criança, eu lia revistas do Mickey e do Pato Donald, e via seus desenhos na TV. Meus filhos não viveram essa experiência, mas quando os levei à Disneyworld pela primeira vez, eles conheciam aqueles personagens como velhos amigos. Hoje em dia, continuo me deliciando com os filmes Disney/Pixar, e conheço vários adultos que fazem questão de ir ao cinema para assisti-los, mesmo que não tenham crianças a seu lado como pretexto. São numerosos os relatos de marmanjos que choram com cenas de *Toy Story*, e cada vez mais entusiasmados os elogios à qualidade dos roteiros produzidos pela companhia. A animação computadorizada realiza milagres, mas nenhum milagre é possível quando falta uma boa história.

Em 2001, a Leo Burnett North America criou para a Disney um comercial de TV chamado "Pillow Talk". Nele, uma mulher de meia-idade, recostada na cama, acorda o marido de madrugada, dizendo que não consegue dormir. Ela está angustiada por entender que o casal está se afastando gradativamente, perdendo a mágica; ele diz que está tudo normal entre eles; ela reclama de que os dois só conversam sobre as coisas práticas do dia a dia; ele pacientemente insiste em que a vida é assim mesmo; ela não se conforma, diz que ele não fala mais do jeito que falava antes. Faz-se uma pausa. O marido reflete. Alguns segundos depois, ele se inclina na direção da esposa e fala no seu ouvido imitando a voz do Pato Donald. Seu "I love you", dito daquela forma, faz com que a mulher estampe no rosto um sorriso emocionado. A cena escurece. Sobrepõe-se o letreiro "Magic Happens".

Creio não haver dúvidas de que a Disney é uma empresa storyteller por excelência, o que a habilita a participar da história de todos que com ela interagem. Nasceu assim, pelas mãos de um homem que queria fazer história, e fez. Começando por um rato, simpático, ingênuo e de traço simples, cuja personalidade pavimentou a trajetória da marca, não permitindo que ela derrapasse até hoje.

DISNEY.

Assista aqui aos vídeos que ilustram este capítulo:

Capítulo 15

APPLE.

O poder da tentação

Entra em cena o maior acionista individual da The Walt Disney Company, o mesmo que havia comprado a Pixar em 1986. Sujeito atrevido, inquieto, meteu-se na casa paterna, ocupando parte dos cômodos, além da garagem, com o sócio, seu xará de sobrenome Wozniak. Levou a reboque mais alguns loucos, e de lá só saiu quando se sentiu forte o suficiente para desafiar a IBM. Deixou isso bem claro ao lançar sua mais famosa linha de computadores com a metáfora de uma atleta que invade um auditório repleto de gente mesmerizada pelo Big Brother, personagem do livro *1984*, de George Orwell. A jovem entra correndo, perseguida por uma tropa de seguranças que em nenhum momento parece próxima de alcançá-la. Quando chega a uma distância razoável da tela que hipnotiza a plateia, nossa atleta arremessa sua marreta, transformando a imagem do líder na tela em uma explosão esfumaçada, destruindo seu poder dominador. A ação, muito bem filmada pelo à época já consagrado Ridley Scott, é concluída com o seguinte texto:

"*Em janeiro de 1984, a Apple Computers lançará Macintosh. E você verá por que 1984 não será como 1984.*"

STORYTELLING

Este é considerado o maior comercial de todos os tempos, eleito pela *TV Guide* e pelo *Advertising Age*, com a concordância, imagino que unânime, do mercado publicitário mundial. Seu principal criador, Lee Clow (que trabalhou em dupla com Steve Hayden), tornou-se uma lenda viva da propaganda, levando consigo ao pódio a imagem de sua agência, Chyatt Day. Todo mundo ganha quando participa de uma grande história.

Steve Jobs não desconfiava de ter sido adotado, como Walt Disney. Ele tinha certeza. À percepção de que fora abandonado pelos pais de sangue contrapunha-se a insistente declaração dos pais adotivos de que ele era especial. Foi criado como tal, com os pais adotivos sacrificando suas modestas economias para atender aos caprichosos desejos do jovem mimado. "Intenso" é um dos adjetivos mais repetidos pelas pessoas próximas que o descrevem, uma intensidade impaciente que o fez sair de Los Altos, na Califórnia, para estudar na distante Portland, Oregon, no seleto e dispendioso Reed College, do qual desistiu, largando os estudos por rejeitar algumas matérias que o enfastiavam. Intensidade que o levou a usar drogas, a abraçar a filosofia zen, a decidir tomar banho apenas uma vez por semana, a andar descalço e malcheiroso, a ser agressivo com namoradas e colegas, e a fazer dietas radicais. Não obstante seu perfil esguio, Steve jejuava com alguma frequência, e se entregava com regularidade a regimes alimentares fora do comum. Por conta dessa obsessão, acabou batizando sua empresa, durante um período de refeições exclusivamente frutíferas, com o nome de maçã.

A seu respeito, declara o biógrafo Walter Isaacson: "Jobs não era um modelo de chefe ou ser humano, bem empacotado para emulação. Impulsionado por demônios, era capaz de levar as

APPLE.

pessoas próximas à fúria e ao desespero. Mas sua personalidade, suas paixões e seus produtos estavam todos inter-relacionados, assim como tendiam a ser os hardwares e os softwares da Apple, como se fizessem parte de um sistema integrado. Desse modo, sua história é tanto instrutiva quanto admonitória, cheia de lições sobre inovação, caráter, liderança e valores."

Prezava a intuição mais do que qualquer outra capacidade mental e, provavelmente por isso, dentre as frutas que compunham seu cardápio no momento de escolher o nome da empresa, optou pela de maior carga simbólica. Divertido, despretensioso, simples, surpreendente para uma empresa de tecnologia cercada de concorrentes sisudos, o nome escolhido não podia ser mais arquetípico. Olhando agora a trajetória da marca e o quanto ela simboliza de sedução e mudança nos hábitos da humanidade, parece óbvio tê-la associada à fruta que levou Adão e Eva a abalarem as estruturas do paraíso. A única fruta incluída nos doze trabalhos de Hércules, desafiado a levar maçãs de ouro do jardim das Hespérides para Euristeu, a mesma fruta com que Nova York (Big Apple) se apresenta como a cidade mais tentadora do mundo, a fruta escolhida: pelos Beatles, para dar nome a sua gravadora; pela rainha madrasta, para envenenar Branca de Neve; pelos desafiantes de Guilherme Tell, para ser colocada sobre a cabeça de seu filho, como alvo da seta que o herói disparou com milimétrica precisão.

Nasce um ícone

Quando Jobs e Wozniak ainda engatinhavam com seus Apple I e Apple II, um novo sócio — o único com recursos financeiros e conhecimento de marketing — se uniu ao empreendimento. Era Mike Markkula. Coube a ele escrever o documento intitulado "A filosofia de marketing da Apple", alicerçado em três pontos:

1. **Empatia** — conexão íntima com os clientes (se substituirmos "clientes" por "público", estamos diante de um fundamento do storytelling).
2. **Foco** — uma das palavras mais usadas atualmente para nos proteger de um mundo em que tudo convoca à dispersão.
3. **Imputar** — palavra extraída do jargão informático, aludindo ao efeito dos sinais emitidos por uma marca na percepção que as pessoas têm dela. A imagem que temos de produtos, pessoas, personagens, países, cidades, de tudo, inclusive marcas, é criada pela sucessão de inputs que recebemos. Ilustrando o conceito de maneira bem básica, Markkula recorria ao velho dito popular, afirmando que "as pessoas de fato julgam um livro pela capa".

Atento aos ensinamentos do sócio, Steve Jobs passou a dedicar atenção especialíssima a todos os detalhes (*inputs*) de seus produtos. Anos mais tarde, ele declararia: "Quando você abre a caixa de um iPhone ou iPad, queremos que a experiência tátil defina o tom de como você percebe o produto."

Seguindo esse raciocínio, logo após a entrada de Markkula na sociedade, conclui-se que a marca precisava ser urgentemente mudada.

A primeira logomarca da Apple havia sido desenhada em estilo vitoriano por Ron Wayne, o terceiro sócio inaugural,

APPLE.

que, mal iniciou a empresa, abandonou o barco, preocupado com os investimentos que seriam necessários. Era uma ilustração de Isaac Newton, o grande cientista de quem se conta ter sido inspirado por uma maçã que lhe caiu sobre a cabeça. Nada a ver com a imagem de contemporaneidade e simplicidade projetada pela filosofia de marketing implementada por Markkula.

Contratado para fazer a nova programação visual, o prestigiado publicitário Regis McKenna, incumbiu Rob Janoff, diretor de arte de sua equipe, de criar a nova logomarca. Foram apresentadas duas versões, absolutamente simples: uma maçã inteira e uma maçã mordida. Jobs preferiu a mordida. Estava inserida a interferência humana em sua marca.

São muitos os tipos de maçã catalogados. O site "Washington Apples" (www.bestapples.com), em 2013, dá conta da existência de mais de 7.500 variedades pelo mundo. Logo em seguida, o mesmo endereço virtual se concentra nas espécies produzidas no estado de Washington: Red Delicious, Golden Delicious, Gala, Fuji, Granny Smith, Braeburn, Honeycrisp, Cripps Pink, Cameo, Criterion, Empire, Jonagold, Macintosh, Newton Pippin, Rome e Winesap.

Jef Raskin, encarregado por Jobs de dirigir um pequeno projeto chamado Annie, discordando do viés machista de dar nomes femininos aos computadores, resolveu buscar na alma, ou melhor, na maçã da empresa um nome alternativo. De todas as variedades de maçãs, uma lhe agradava especialmente. Escrita ora com "a", ora sem "a", ainda tinha o complicador de existirem os laboratórios de áudio Macintosh para roubar a originalidade do nome, mas mesmo assim foi a escolhida: Macintosh, com "a", anos mais tarde tratada carinhosamente como Mac.

No meio do projeto, Jef se indispôs com Jobs e deixou a empresa. Sua visão do produto foi substancialmente alterada, Steve tentou rebatizá-lo, mas a proposta não colou. O nome do produto permaneceu intacto, soava como decorrência natural da maçã com que toda a história começou.

Macintosh

Chegamos à reunião em que Steve Jobs apresenta à sua equipe de vendas o comercial de lançamento do Macintosh. No discurso que antecede a projeção, ele nos brinda com um belo momento de storytelling.

Começa com uma brincadeira, saudando a plateia como se fosse um desconhecido: "Hi, I'm Steve Jobs!"

Depois, adota um tom quase épico, com a habilidade motivadora dos grandes oradores, que sabem usar sua paixão para empolgar o público.

Em uma tradução livre, ele diz:

É 1958. A IBM despreza a chance de comprar a jovem e inexperiente empresa que inventou uma nova tecnologia chamada xerografia. Dois anos mais tarde, nasce a Xerox, e a IBM tem chutado a si mesma desde então.

Dez anos mais tarde, final dos anos 1960. DEC — Digital Equipment Corporation, e outros, inventam o minicomputador. IBM dispensa o minicomputador como pequeno demais para fazer

APPLE.

computação a sério, e portanto irrelevante para o seu negócio. A DEC cresce para se tornar uma multicorporação de centenas de milhões de dólares, antes que a IBM finalmente entre no mercado de minicomputadores.

Estamos agora dez anos mais tarde, final dos anos 1970. Em 1977, a Apple, uma jovem e inexperiente empresa da Costa Oeste, inventa o Apple II, o primeiro computador pessoal como conhecemos hoje. A IBM considera o computador pessoal pequeno demais para fazer computação a sério, e, portanto, irrelevante para o seu negócio.

Início dos anos 1980.

1981. Apple II se torna o computador mais popular do mundo e a Apple evolui para uma empresa de 300 milhões de dólares, tornando-se a corporação de crescimento mais rápido na história dos negócios americanos.

Com mais de 50 concorrentes disputando uma fatia, a IBM entra no mercado de computadores pessoais em novembro de 81, com o PC IBM.

1983. A Apple e a IBM emergem como os mais fortes competidores da indústria, cada uma vendendo aproximadamente 1 bilhão de dólares com computadores pessoais em 1983. Cada uma projetando investir mais que 50 milhões de dólares em R&D (Research and Development) e outros 50 milhões de dólares em propaganda de TV em 1984, em um total de quase um quarto de bilhão de dólares combinadas.

A sacudida está forte.

As primeiras grandes empresas começam a quebrar, enquanto outras balançam na beirada.

STORYTELLING

O total de perdas da indústria em 83 supera mesmo os lucros combinados da Apple e da IBM com os computadores pessoais.
Agora, 1984. Parece que a IBM quer tudo. O comércio, que antes tinha recebido a IBM com braços abertos, agora teme um futuro dominado e controlado por ela e recorre à Apple como a única força capaz de lhe garantir um futuro com liberdade. A IBM quer tudo, e está apontando sua artilharia contra o último obstáculo para controlar a indústria, a Apple.
A Big Blue vai dominar toda a indústria de computação? Toda a era da informação? George Orwell estava certo sobre 1984?

Encontrei o vídeo dessa apresentação no YouTube. Impressiona o brilho nos olhos do apresentador, parece um menino com um brinquedo novo. A plateia vem com ele, reage empolgada em alguns trechos, responde como fiéis de uma seita às três perguntas finais, com crescentes "No!", e explode em aplausos após a projeção do filme que comentamos no início. Que grande momento!

É curioso que Steve Jobs, em uma hora tão decisiva de sua empresa, se refira mais à IBM do que à Apple. São 13 menções ao rival, sem contar o apelido de Big Blue incluído no desfecho. Seria verdade tudo o que ele disse? Olhando friamente, soa exagerado. Mas surtiu efeito. O breve relato de Jobs define a IBM como Golias, enquanto Davi — a Apple — ganha musculatura para o confronto final. A IBM é apresentada com traços evidentes de vilania, ao passo que a Apple se autodefine como a única que pode salvar o mundo das garras da Big Blue. E as três perguntas finais? Parecem saídas de um locutor de seriado, atiçando as expectativas para os próximos capítulos.

O sucesso estrondoso do comercial combina com a reação da plateia que o assistia em primeira mão, mas destoa totalmente do efeito causado no Conselho de Diretores. Ao vê-lo, em reunião posterior, a maior parte dos diretores considerou que era o pior comercial já visto, e chegaram a cogitar a dispensa da agência que o havia criado. Na opinião deles, era uma insanidade produzir uma peça publicitária para lançar um produto que sequer aparecia no filme. Uma fortuna gasta em produção, para citar Macintosh uma vez só, bem no finzinho, sem qualquer explicação ou adjetivo, e terminar tudo com a imagem isolada da maçã mordida, era abusado demais. Jobs brigou, insistiu, pressionou, até conseguir uma única exibição, durante o Super Bowl XVIII. Somente uma veiculação, impactando quase 100 milhões de telespectadores, e na mesma noite três redes de TV nacionais e cinquenta redes locais multiplicaram o impacto inicial, tratando a propaganda da Apple como notícia. O filme, que ganharia o Grand Prix do Festival de Cannes e se tornaria célebre na história da propaganda mundial, por pouco não foi parar na lata do lixo.

O vilão

A eleição da IBM como vilã de sua narrativa não se restringe ao lançamento do Macintosh.

Quando o PC da IBM foi lançado, a Apple veiculou um anúncio de página inteira no *Wall Street Journal*, cujo título era: "**Bem-vinda, IBM. Sério.**" A ironia da peça, pontuando que a líder do mercado chegava atrasada ao segmento dos computadores pessoais, deixava claro o quanto a Apple se considerava preparada para a briga. Uma típica declaração de guerra, que atropelava outras empresas de porte semelhante ao da Apple, alavancando a desafiante para a disputa da liderança, direto, sem escalas. Nada novo como estratégia, mas sempre um movimento de alto risco, reservado aos mais atrevidos.

A estocada do Macintosh contra a IBM foi espetacular, e o que aconteceu a seguir foi surreal. O lançamento do produto surpreendeu, com as vendas superando os prognósticos mais otimistas. No segundo semestre, por questões técnicas do produto que não atendiam às expectativas do mercado, as vendas caíram. Paralelamente, os problemas de relacionamento de Steve Jobs com seus colegas de trabalho cresciam exponencialmente, e esse conjunto de fatores resultou em, nada mais nada menos, que o afastamento de Jobs da Apple. Em 1985, no ano seguinte ao de sua consagração, rompia-se o elo aparentemente indestrutível entre o golden boy da indústria informática e a empresa que ele criou. Um rompimento traumático que durou mais de uma década.

Nos 12 anos em que esteve longe da Apple, Steve Jobs montou uma empresa para concorrer com a antiga, chamada NeXT, onde passou a produzir computadores de qualidade alta e preços idem. Ao mesmo tempo, adquiriu 70% da divisão de informática da Lucasfilm, transformando-a na Pixar. Tornou-se grande fornecedor de hardware e software para os

APPLE.

Estúdios Disney e, apoiado pelo gênio criativo de John Lasseter, fez da Pixar uma revolucionária produtora de filmes de animação que rapidamente passou à invejável posição de coautora dos maiores sucessos recentes da empresa fundada por Walt Disney. Dez anos depois de sua saída, Steve voltava aos refletores em grande estilo com o lançamento de *Toy Story*. No ano seguinte, a Apple, que nitidamente perdera força, decide fazer uma oferta para comprar a NeXT. Acertadas as bases do negócio, concretizava-se o retorno de Jobs às suas raízes.

No mesmo ano de seu retorno, 1997, Steve manobrou internamente para ocupar a presidência executiva da Apple, recontratou a agência Chiat/Day, que havia acrescentado TBWA ao início de seu nome, e encomendou ao mesmo Lee Clow, que criara o antológico 1984, um novo ataque à IBM.

"Think" (Pense) era e continua sendo a marca registrada da IBM, usada ostensivamente pela companhia, não só como moto corporativo impresso em peças publicitárias e material promocional, mas também na denominação de produtos: a linha de computadores portáteis ThinkPad fora lançada em 1992.

O que fez a Apple? Afrontou o lema da concorrente com uma poderosa campanha em várias mídias que dizia ao público: "Think Different."

Inteligentemente, o duelo foi levado não para a comparação de produtos, mas para o perfil de público. A questão passou a ser a destinação dada pelos usuários ao equipamento, e a Apple se posicionou como parceira dos mais criativos, daqueles que pensam diferente.

Usando imagens de pessoas que mudaram a história, como Thomas Edison, Martin Luther King, Gandhi, Dalai Lama, Einstein, Picasso, Chaplin, Bob Dylan e John Lennon, além de outros notáveis, como Jim Henson (criador dos Muppets), Maria Callas, Bobby Kennedy e Frank Lloyd Wright, a Apple se colocou em um patamar de state-of-the-art. Larry Elisson, cofundador da Oracle, disse, a propósito dessa campanha, que "Steve criou a única marca de estilo de vida da indústria tecnológica". Mas como obter o endosso de personalidades desse calibre sem lidar com recusas e disputas judiciárias com os próprios astros ou seus herdeiros? Homenageando-os.

O texto dos filmes é uma obra-prima, com um conteúdo tão inspirador que se torna praticamente impossível rejeitá-lo. Na voz "off" de Richard Dreyfuss, originalmente em inglês, assim falava a Apple:

Isto é para os loucos. Os desajustados. Os rebeldes. Os encrenqueiros. Os pinos redondos em buracos quadrados. Os que enxergam as coisas de um jeito diferente. Eles não gostam muito de regras. Eles não respeitam o status quo.
Pode-se citá-los, discordar deles, exaltá-los ou difamá-los. A única coisa que não se pode fazer é ignorá-los. Porque eles mudam as coisas.
Eles inventam. Eles imaginam. Eles curam. Eles exploram. Eles criam. Eles inspiram. Eles empurram a raça humana para a frente.

APPLE.

Talvez eles tenham que ser loucos. De que outro modo você pode olhar para uma tela em branco e enxergar um trabalho de arte? Ou sentar em silêncio e ouvir uma canção que não foi escrita? Ou contemplar um planeta vermelho e ver um laboratório sobre rodas?
Nós fazemos instrumentos para esse tipo de gente.
E, enquanto alguns os julgam loucos, nós os julgamos gênios. Porque aqueles que são loucos o suficiente para achar que podem mudar o mundo são os que mudam.

Na mídia impressa, a campanha se resumia a fotos individuais dos gênios homenageados, com a frase "Think Different" e a maçã mordida que identificava a empresa. Nada mais.

A IBM simplesmente não tinha como reagir.

Deixando de ser Davi, fugindo de ser Golias

No período em que Steve Jobs se ausentou, o grande movimento de comunicação da Apple foi a campanha "The Power to be your Best". Construída sobre um conceito forte que reforçava a importância do consumidor, tinha filmes muito bem dirigidos, ora mostrando situações de trabalho em que determinados personagens surpreendiam seus colegas e superiores com soluções completas e rápidas, ora mostrando celebridades refletindo sobre o significado do poder. Criados pela BBDO e dirigidos por Joe Pytka, os comerciais cumpriam todos os requisitos técnicos dos manuais publicitários, inclusive no que diz respeito a uma certa empáfia, muito usada e apreciada por anunciantes dos mais variados segmentos, mas que sob o comando de Jobs se revestia de toques ousados e sutis que faziam a mensagem soar talvez mais autêntica, certamente mais impactante.

O "Think Different" surgiu com o delicado papel de dar continuidade ao discurso do empoderamento e, ao mesmo tempo, fazer um ajuste na rota, evitando a armadilha de antipatia sempre à espreita dos que crescem. Tudo, óbvio, sem descuidar de ser surpreendente. Assim foi feito, e funcionou.

Àquela altura, o porte da Apple não justificava mais a posição de desafiadora. Sua percepção era de liderança, sua atitude idem. Chegava o difícil momento de ser grande sem perder o frescor, ser forte sem se tornar vilã.

Logo, em 1998, foi lançado o iMac, mostrando que o "Think Different" não era apenas retórico. Sucesso arrebatador.

Em 2001, nasceu a Apple Store, loja-conceito onde a experiência de compra levava o consumidor para o universo mágico da marca. Lembrou dos parques temáticos? É mais ou menos isso.

Também em 2001, convencido de que o papel do computador era centralizar a vida do usuário, acolhendo, entre outras coisas, suas fotos, vídeos e músicas, foi lançado o software iTunes, e um novo aparelhinho que quebrava a exclusividade dos computadores na vida da Apple: o iPod.

Os computadores continuaram evoluindo, os iPods ganharam versões cada vez mais atraentes, em 2007 veio o iPhone, em 2010, o iPad e, no ano seguinte, Steve foi vencido por um câncer diagnosticado desde 2003. A dupla jornada suportada

APPLE.

entre Apple e Pixar durante alguns anos teria sido, segundo ele, o fator desestabilizador de sua saúde. E a vontade de seguir realizando grandes proezas foi, provavelmente, o que lhe deu oito anos de sobrevida.

E a narrativa da marca, nesse período turbulento, como ficou?

Deixada a IBM de lado, o duelo passou a ser travado entre Mac e PC. Antes que todos se voltassem contra a Apple, ela tomou a iniciativa de se contrapor aos demais computadores pessoais. Migrando do "Think Different" para um convite explícito à mudança, posicionou-se como uma categoria à parte, quase sem concorrente, à qual estariam vinculados os consumidores com maior capacidade intelectual, senso estético mais desenvolvido, gente mais charmosa e evoluída.

A partir de 2006, a campanha "Get a Mac" despejou uma grande quantidade de comerciais na mídia, comparando diretamente o computador da Apple (representado pelo simpático e descolado Justin Long, em trajes simples e descontraídos) com a categoria PC (representada pelo careta e atrapalhado personagem vivido por John Hodgman, vestindo um terninho mal-ajambrado).

Em uma espetacular jogada de marketing, o jovem Mac, Justin Long, surgia nas telas de cinema em 2007 com *Live Free or Die Hard*, conhecido no Brasil como *Duro de matar 4.0*, ao lado de Bruce Willis, interpretando um personagem que sabe tudo de informática e, graças a essa intimidade com a tecnologia, livra o famoso John McClane (vivido por Willis) de grandes enrascadas.

A longa campanha, com três anos de duração, manteve acesa a chama da competição, só que agora colocando-a em uma

STORYTELLING

atitude até certo ponto solidária com o coitado do PC, que sempre acaba se metendo em situações embaraçosas e ridículas.

Sem seu grande protagonista e narrador, os próximos capítulos da história da Apple são uma incógnita. A expectativa, como não poderia deixar de ser, segue cada vez mais alta.

Assista aqui aos vídeos que ilustram este capítulo:

Capítulo 16

NIKE.

Treinar, competir, vencer

Tantas são as coincidências entre as histórias da Nike e da Apple que elas acabaram conectando tênis de corrida com iPod no vitorioso projeto Nike +. Mas essa é apenas uma das muitas improbabilidades que ambas as marcas tornaram possíveis em suas trajetórias.

Phil Knight não é polêmico nem agressivo como Steve Jobs. Mas também começou do nada, encontrando um diferencial poderoso que o projetou em um segmento muito disputado. Era um bom corredor de meia distância na Universidade do Oregon, mas não se considerava com os atributos necessários para se tornar um campeão.

Estimulado pelo treinador Bill Bowerman, Phil começou a pensar em um calçado esportivo que facilitasse a vida dos corredores. Já formado, durante seu MBA na Universidade de Stanford, concluiu que os tênis japoneses tinham grande possibilidade de agradar aos atletas e seriam competitivos contra as marcas alemãs dominantes no mercado. Apresentou-se, então, aos fabricantes dos tênis Tiger, tornando-se seu distribuidor oficial nos Estados Unidos. Chegados os primeiros pares do Japão, Phil os enviou a Bowerman acreditando que ele os compraria. O que recebeu de volta foi uma proposta de sociedade: o treinador queria enviar suas ideias de design ao fabricante japonês. Surgia assim a Blue Ribbon Sports, que, em linhas gerais, funcionava com Phil vendendo os tênis na mala de seu carro e Bowerman rasgando alguns deles para pesquisar como poderia melhorá-los.

O negócio era pequeno, os dois sócios tinham outros empregos que lhes garantiam o sustento (Bowerman na universidade, Phil em um escritório de contabilidade). Precisavam de alguém cem por cento dedicado à empresa. Phil lembrou-se de um corredor que conhecera em Stanford, convidou-o, e assim Jeff Johnson passou a fazer parte da sociedade.

O movimento melhorou um pouco, o relacionamento com os japoneses foi esfriando, e o trio da Blue Ribbon teve tempo para se capacitar a produzir seus próprios calçados.

Uma ideia que veio correndo

Escolher o nome da deusa grega da vitória para sua nova empresa deixava claro onde os Blue Ribbon queriam chegar.

Pediram a uma estudante de Portland, Carolyn Davidson, para desenhar uma marca, e ela apresentou uma espécie de pincelada gestual, larga na curva e fina nas pontas, que poderia ser associada a um bumerangue, ou a uma lua semicrescente arremessada por alguma potência celestial, algo que inequivocamente remetia a movimento. Aquele traço abstrato recebeu o nome de *Swoosh* e representava o momento em que um corredor ultrapassa o outro. Claro que nenhum consumidor entenderia

NIKE.

seu significado sem ajuda, mas era moderno, ousado e, depois de explicado, continha uma micronarrativa. Em uma empresa comandada por apaixonados pela corrida, fazia todo sentido.

Tinham um nome e uma marca, faltava um diferencial de produto, problema resolvido por uma máquina de waffle. Observando a forma de colmeia dos waffles, Bill Bowerman imaginou o que aconteceria em termos de redução de impacto se as solas dos tênis fossem daquele jeito. Substituiu a massa de waffle por borracha, ligou a máquina, e deu o grande passo da empresa que revolucionaria o mercado de calçados e roupas esportivas. O novo tênis Nike estreou em 1972 sendo distribuído em uma competição a alguns corredores para que o experimentassem. Foi aprovado com louvor.

O endosso de um grande atleta poderia ser o alavancador de que precisavam para acelerar o passo, e Steve Prefontaine parecia predestinado a essa missão. Era um famoso corredor olímpico de média e longa distâncias, também do Oregon, treinado por Bowerman, e que nunca havia perdido uma única corrida em sua pista de origem.

Com Nike nos pés, Prefontaine fez a marca subir em vários pódios, ser aplaudida e admirada. Até que um trágico acidente automobilístico o tirou de cena prematuramente, aos 24 anos de idade, em 1975.

Protagonistas

Em vez de desenhar seus protagonistas, como Walt Disney, ou tornar-se o principal protagonista de sua marca, como Steve

STORYTELLING

Jobs, Phil Knight e Bill Bowerman preferiram patrocinar as estrelas que os levariam às alturas. Era ótimo para a marca, e combinava perfeitamente com a paixão de ambos pelo esporte.

Curiosamente, foi no mesmo ano emblemático que marcou a arrancada da Apple, 1984, que aconteceu a aproximação da Nike com Michael Jordan, inaugurando uma parceria que, além do prestígio, rendeu a linha de produtos Air Jordan. A palavra "air", a propósito, aludindo aos saltos quase voadores do grande Jordan, remetia principalmente à leveza dos calçados e, em segundo plano, à preservação do fôlego dos atletas. Com toda essa gama de significados, é fácil entender por que tantos produtos da empresa se abrigam sob a denominação "Nike Air".

A estratégia de patrocínios rendeu à Nike um extraordinário elenco de mitos em modalidades tão diferentes quanto corrida (Carl Lewis, Sebastian Coe), basquete (Michael Jordan, Kobe Bryant), tênis (André Agassi, Pete Sampras, John McEnroe, Maria Sharapova), golfe (Tiger Woods), ciclismo (Lance Armstrong), artes marciais (Anderson Silva, Júnior dos Santos) e futebol (Ronaldo, Mia Hamm, Cristiano Ronaldo, Drogba, Ibrahimovic, Balotelli, Rooney). Os nomes citados são apenas exemplos da multidão de atletas abraçados pela marca, e a eles seguiram-se as equipes. A Nike patrocina todos os times da liga de futebol americano — NFL; as seleções de beisebol da Coreia do Sul; de críquete da Índia; de basquete do Brasil, Canadá, China, França, Israel e Lituânia. O futebol, esporte mais popular do planeta, entrou atrasado na lista, mas hoje ocupa lugar nobre, com seleções do porte de Brasil, Inglaterra, Holanda, França, Croácia, Austrália, Estônia, Grécia, e clubes como Co-

NIKE.

rinthians, Santos, Internacional, Bahia, Coritiba, Boca Juniors, Manchester United, Manchester City e Paris Saint-Germain.

O que tantos patrocínios rendem, além dos óbvios endossos de marca, visibilidade e vínculo emocional com torcedores? Rendem histórias. O drama de cada partida, os altos e baixos de cada atleta, até mesmo os escândalos em que alguns se envolvem, tudo faz parte da multidimensionalidade dos protagonistas, humanizando-os, tornando-os personagens mais ricos, mais polêmicos, mais eletrizantes.

Vilão

Encontrar vilões é a parte mais difícil na construção do storytelling de marcas. Valorizar concorrentes é temerário. Sinalizar alguma possível dificuldade enfrentada é inconveniente.

Para a Nike, bastou consultar o drama íntimo dos atletas e o problema foi resolvido. Seu vilão está dentro de cada um de nós: é a inércia (acompanhada de seus comparsas: acomodação, preguiça, conformismo, apatia, receio).

Relembrando a primeira parte deste livro, onde falávamos da natureza humana, aqui está um excelente exemplo. Quem não reconhece como verdadeiro o sentimento de oposição ao esforço físico que frequentemente se manifesta quando nos preparamos para iniciar uma atividade?

Como um treinador que grita incentivos a seus atletas, provocando-os a dar o melhor de si, sem mimá-los, a Nike simplesmente nos diz *Just do it*. O slogan criado por Dan Wieden é a síntese da marca, apresentado de forma tão perfeita que se espalhou pelo mundo, sem que ninguém sentisse a necessidade de traduzi-lo.

Parceria de alta performance

O primeiro anúncio em mídia impressa assinado pela Nike foi publicado em 1977. Seu título dizia "There is no finish line". Criado pela agência John Brown and Partners, de Seattle, não mostrava nenhum produto, mas sinalizava o nível da história que a empresa começava a contar. Uma história que começava no Oregon e se alastraria pelo mundo, mas sem perder contato com suas raízes. Ou seja, a agência de Seattle não era exatamente encaixável no roteiro ideal.

A fidelidade da Nike a suas origens oregonianas viria a se confirmar pouco adiante também na propaganda.

Em 1980, quando o redator Dan Wieden começou a fazer dupla com o diretor de arte David Kennedy, na McCann-Erikson de Portland, ninguém imaginava que dois anos depois eles abandonariam o emprego naquela grande multinacional para montar sua própria agência, e era ainda mais difícil imaginar que seu único cliente na época, uma empresa de médio porte especializada em calçados esportivos, se transformaria na gigante que hoje conhecemos. A partir daquele momento, a história da Wieden+Kennedy estava umbilicalmente ligada à da Nike.

Crescendo juntas, enquanto também cresciam o conhecimento e a confiança recíprocos, ambas ganharam musculatura para em 1987 veicular na TV americana um comercial de alto impacto, cuja trilha sonora era "Revolution", dos Beatles. Em

NIKE.

julho de 1988, em um comercial estrelado pelo famoso maratonista de San Francisco, Walt Stack, surgia pela primeira vez o *Just do it*, escolhido pela *Advertising Age* como um dos cinco slogans mais importantes do século XX.

Nos anos 1990, agência e cliente se tornaram referências mundiais de excelência e ousadia.

A instalação da sede com oito edifícios da Nike em Beaverton, nos arredores de Portland, em 1990, mostrava com que coerência e disposição a empresa se empenhava em conquistar o mundo. O campus da Nike tinha instalações esportivas de alto nível, permitindo aos seus colaboradores a prática de exercícios físicos mesmo durante o expediente. Todos eram considerados responsáveis para cumprir suas tarefas independentemente de terem jogado uma partida de basquete no meio da tarde ou feito uma corridinha antes do almoço. No mesmo ano, foi inaugurada a primeira Niketown, em Portland, quando lojas-conceito eram praticamente desconhecidas do público.

Em 1991, a Wieden+Kennedy foi eleita Agência do Ano pela *Advertising Age*. E não parou de conquistar prêmios importantes até hoje.

Em 1994, a Nike foi eleita Anunciante do Ano pelo Festival de Cannes. Naquele ano, o festival promoveu uma corrida pela principal avenida da cidade. Phil Knight estava lá, correndo de manhã e recebendo seu troféu à noite.

Em 1995, David Kennedy decidiu se aposentar, deixando seu nome na porta e Dan Wieden com o pleno comando da agência. A Nike assinou contrato de patrocínio com as seleções de futebol do Brasil e dos Estados Unidos.

Em 1996, foi assinado o contrato com Tiger Woods e a segunda Niketown abriu suas portas em Beverly Hills.

No final da década de ouro, duas notas negativas: o Brasil, que pela primeira vez disputava uma Copa do Mundo sob o patrocínio da Nike (1998), depois de uma campanha repleta de intrigas, fez uma irreconhecível partida final contra a França, gerando especulações de que a patrocinadora teria prejudicado a equipe com excesso de compromissos extracampo. E em dezembro de 1999, na véspera do Natal, veio a grande tristeza com a morte de Bill Bowerman.

O novo milênio chegou com a Nike e sua agência, ambas, comandadas por apenas um de seus fundadores.

Minha experiência mais profunda com a marca aconteceu nesse período crítico. Em junho de 1999, a Nike Brasil, após disputadíssima concorrência, entregou sua conta publicitária à Giovanni, FCB, agência da qual eu era sócio e diretor de criação. Após a festejada vitória, passei uma semana com outros três colegas de empresa no campus de Beaverton, ouvindo vários diretores do novo cliente a contar sua história e demonstrar o quanto estavam comprometidos em se manterem fiéis à estrada percorrida até ali. Foi uma oportunidade ímpar, em que pude esbarrar com Phil Knight duas vezes no refeitório, frequentado indistintamente por todos os níveis hierárquicos da empresa.

Um aspecto que me chamou especial atenção foi o forte vínculo entre agência e cliente. Em 1997, por razões não reveladas, a Nike dividira sua conta publicitária, transferindo algumas linhas de produto para a Goodby, Silverstein, de San Francisco. Eu tinha sido jurado de filmes no Festival de Publi-

NIKE.

cidade de Cannes no ano seguinte, 1998, exatamente o ano da mal explicada Copa da França. E o Grand Prix de filmes fora ganho pela campanha de estreia da Goodby na conta da Nike, gerando muitos comentários e comparações entre as duas agências que atendiam aquele tão desejado cliente.

Coincidiu com minha visita à sede da Nike o anúncio de que a conta estava saindo da agência de San Francisco e voltando a se concentrar totalmente na W+K. Curioso por saber o que havia acontecido, ouvi de um diretor da Nike a singela explicação de que aquele curto período de parceria com a Goodby havia deixado neles uma sensação parecida com a de estar cometendo adultério. Independentemente da exatidão da resposta, foi o comentário mais romântico que já ouvi um anunciante fazer a respeito de sua agência.

Dois dias depois, recebido por Dan Wieden em seu escritório, que estava prestes a ser trocado por outro ainda maior, percebi a perfeita afinidade que solidificava aquela relação. Um único detalhe é o bastante para entrever o grau de conexão entre as empresas: a principal sala de reuniões da agência tinha a forma de uma meia quadra de basquete.

Politicamente incorreto

São vários os exemplos polêmicos da Nike, algo bastante coerente para quem parece trazer o desafio em seu DNA. Um dos momentos mais provocativos da marca aconteceu sob a aura das Olimpíadas de Atlanta, em 1996, quando, contrariando o ideal olímpico do "importante é competir", a Nike chocou atletas, dirigentes e público, veiculando um comercial de TV que dizia: "Você não ganha prata, você perde ouro."

Na virada do milênio, outro filme da empresa mexeu com coisa muito séria. O fantasma do momento era a possibilidade de um grande colapso em todos os computadores do mundo causado pela confusão provocada nos programas por um ano terminado em 00. Bancos, aeroportos, sistemas de transporte e arquivos em geral, tudo desapareceria ou deixaria de funcionar após a contagem regressiva do réveillon de 1999. O bug do milênio reforçava o temor de que 2000 (ou Y2K na abreviatura americana) seria o ano do apocalipse.

Foi nesse clima tenso que a Nike veiculou um comercial de sessenta segundos, *The Morning After*, que mostrava um rapaz acordando de ressaca no dia 1º de janeiro de 2000. A trilha sonora era um melancólico arranjo instrumental de "Auld Lang Syne", do escocês Robert Burns, tradicionalmente cantada nos réveillons anglo-saxônicos, conhecida no Brasil como "Valsa da despedida", na versão de Alberto Ribeiro e Braguinha feita em 1941. O personagem do filme acorda meio zonzo com o toque do despertador, pega um vidro de aspirina que está por perto e vai se preparar para sua corrida matinal. Quando fecha a porta atrás de si, misturado a outros elementos decorativos de fim de ano, em uma residência muito bagunçada pela festa da véspera, vemos um cartaz que diz "Y2K it'll be OK". Na rua, um tanque de guerra, passando enquanto o protagonista do filme se alonga, indica que as coisas não estão muito bem. Indiferente ao caos, ele corre na maior tranquilidade enquanto testemunha caixas eletrônicos jorrando dinheiro descontroladamente, colisões de veículos por conta dos sinais de trânsito em pane, lojas sendo saqueadas, explosões e focos de incêndio, policiais e bombeiros tentando lidar com o tumulto, gente enlouquecida por todo lado. Cansado, ele faz uma pequena pausa em um ponto aparentemente mais tranquilo da cidade, e segue seu exercício, vendo passar sobre sua cabeça um míssil desgovernado e uma girafa que atravessa a rua assustada, antes de cruzar com outro corredor e ambos se cumprimentarem como se nada de anormal estivesse acontecendo. *Just do it* aparece na tela, encerrando a peça. O efeito de tamanha ousadia transcendeu os limites da propaganda, levando o filme a ganhar não apenas vários prêmios publicitários, mas o primeiro Emmy Awards conquistado pela Nike.

Em 2002, a Nike ganharia um segundo Emmy com o comercial *Move*, produzido para as Olimpíadas de Inverno, e a Wieden+Kennedy apareceria no Gunn Report (relatório que ranqueia as agências com base nos mais expressivos festivais publicitários) como a agência mais premiada do mundo.

Uma história que se alimenta de desafio

A perseverança e coerência da Nike em sua narrativa fazem com que tenhamos a sensação de que ela sempre usou o *Just do it*. Em uma interpretação mais profunda, seria verdade. Mas o slogan vem convivendo com outros em mudanças pontuais.

A campanha produzida para a Copa de 2010, por exemplo, assinava *Write the future*, convidando e desafiando o público a compartilhar o peso do papel representado pelos astros do futebol mundial. Cada lance decisivo dos grandes craques é cercado das expectativas de glória ou ostracismo, dependendo do desfecho da jogada. A sede de ser eterno é mostrada como principal elemento motivador para que eles deem o melhor de si.

Para os Jogos Olímpicos de Londres em 2012, as estrelas do esporte foram substituídas por gente comum, que se esforça diariamente no cumprimento de sua cota de atividade física, encarando desafios aparentemente pequenos, mas muito significativos, em lugares e circunstâncias desglamourizadas. A assinatura dessa campanha, que se manteve após o final das Olimpíadas, é *Find your greatness*.

Duas grandes campanhas apoiando eventos mundiais patrocinados pela marca, certo? Errado. A Nike não patrocina nem a Copa do Mundo nem as Olimpíadas. Mas vem se especializando em desafiar os patrocinadores oficiais com estratégias de comunicação tão impactantes que o grande público acaba por percebê-la como patrocinadora, ou pelo menos guarda lembrança mais nítida de sua mensagem do que da mensagem de seus concorrentes que investem fortunas em patrocínios.

Expondo-se a riscos e sinalizando constante estado de rebeldia que se manifesta em um estilo quase marginal, a Nike escapa do seu próprio tamanho. Ela se recusa a ser mainstream, porque ser grande não é inspirador. Ela está sempre se colocando como parceira do público no enfrentamento da inércia, da acomodação, do excesso de peso, do vilão presente na história de todos nós.

Vejamos o que diz o texto original do filme de abertura da campanha *Find your greatness*, em tradução livre:

Não há grandes celebrações aqui.
Nenhum discurso, nenhuma frase brilhante.

NIKE.

Mas há grandes atletas.
De alguma forma começamos a acreditar que a grandeza era reservada para poucos escolhidos, para as superestrelas.
A verdade é que grandeza é para todos nós.
Isso não é baixar as expectativas,
é elevá-las até o último de cada um de nós.
Porque grandeza não está em um lugar especial.
Não está em uma pessoa especial.
Grandeza está onde quer que alguém esteja tentando encontrá-la.

A cena que encerra esse filme é a de um menino hesitante antes de saltar de uma plataforma à beira de uma piscina qualquer, aquele clássico momento de superação vivido por quase todas as pessoas.

Outro filme da campanha causou bastante polêmica ao mostrar o enorme esforço de um menino de 12 anos, mais velho que o saltador da piscina, porém obeso. Ele corre lenta e sofridamente por uma estrada vazia, a câmera apenas espera que ele se aproxime o suficiente para que vejamos de quem se trata e possamos compreender a grandeza interior necessária para fazer todo aquele sacrifício.

Concordando ou não com a exposição de uma criança nessa situação, é indiscutível a consistência da Nike em sua atitude de provocar e inspirar. Uma consistência que se evidencia quando juntamos suas três assinaturas e percebemos que elas são sequenciais e harmoniosas, como se alguém nos dissesse de uma só vez: *Just do it. Write the future. Find your greatness.*

STORYTELLING

Seria cansativo percorrer toda a trajetória de campanhas arrebatadoras da Nike. Receber duas vezes o título de Anunciante do Ano no Festival de Cannes (1994 e 2003) é uma proeza que dispensa comentários.

Colada na história de grandes personalidades do esporte e de cada pessoa que usa seus produtos no dia a dia, a Nike escreve sua história com extrema competência. Seu famoso comercial "Good × Evil", onde uma seleção de craques de futebol enfrenta um time formado por figuras monstruosas e violentas, sinaliza bem o quanto a marca domina o jogo narrativo e sabe administrar o arquétipo do herói. Não por acaso a empresa mantém entre seus altos executivos alguém cujo cargo é Chief Storyteller.

Assista aqui aos vídeos que ilustram este capítulo:

NIKE.

Capítulo 17

COCA-COLA.

Felicidade dentro de uma garrafa

Quem procura as atrações turísticas de Atlanta encontra The World of Coca-Cola entre as visitas imperdíveis. O museu da marca fica ao lado do Georgia Aquarium, em pleno Pemberton Place, um complexo de entretenimento cujo nome homenageia o criador da Coca-Cola, John Pemberton.

Não, não vamos encontrar um novo visionário empreendedor que impulsiona sua marca. John Pemberton era farmacêutico, sem maiores pretensões. Em 1886, quando tentava criar um xarope, acabou por acaso inventando a fórmula da Coca-Cola. Pura serendipidade, que nos remete às histórias mágicas da infância. Clima perfeito para o desenvolvimento de uma narrativa envolvente.

Percebida no início como uma espécie de tônico cerebral que aliviava os sulistas em seus esforços de reconstrução pós-Guerra de Secessão, com um pouco de sorte e muita competência de marketing e comunicação, a Coca-Cola atingiu o status de produto símbolo de uma América próspera, orgulhosa de seus valores e feliz.

A misteriosa fórmula

Mistério é um ingrediente maravilhoso para as grandes histórias, e a Coca-Cola soube explorá-lo com maestria. Tratar sua fórmula como segredo absoluto, guardá-la em cofres bancários, alimentar especulações a seu respeito, divulgar que apenas dois executivos da empresa têm acesso à fórmula, tudo isso contribui para um desejável processo de mitificação.

O The World of Coca-Cola tem alguma semelhança com as atrações dos parques Disney, fazendo-nos percorrer a história da marca como quem se aproxima de revelações fantásticas. A parceria das duas marcas durante tantos anos é a consagração de suas afinidades, algo perceptível desde as tipologias escolhidas para representá-las. Há uma evidente conexão entre elas. Ambas têm a espontaneidade do manuscrito: Disney, vinda de seu fundador, grande desenhista; Coca-Cola, vinda de um contador. Como que abençoados por uma fada, um farmacêutico descobriu a fórmula mágica, e um contador, Frank Robinson, deu-lhe um nome e formatou sua assinatura de próprio punho. Como não era artista, Frank lançou mão do tipo *Spencerian Script*, tradicionalmente adotado em correspondências de negócios nos Estados Unidos do século XIX. A fórmula da tipologia mais marcante do mundo nada mais é do que a caligrafia de Frank Robinson aplicada a um estilo usado em várias cartas comerciais de sua época.

No mundo da Coca-Cola, as coisas acontecem de um jeito tão encantador que parecem obra de ficção.

COCA-COLA.

Acreditando em Papai Noel

Tudo começou com um problema: a queda das vendas no período de inverno. O frio desestimulava o consumo de refrigerantes, daí a necessidade de criar algum estímulo para que as pessoas comprassem Coca-Cola, especialmente no período do Natal.

O personagem Papai Noel nasceu na Turquia no século IV, inspirado no arcebispo, depois canonizado, São Nicolau de Taumaturgo. Sua atuação em favor de famílias com dificuldades financeiras só foi vinculada ao Natal muitos anos mais tarde, na Alemanha. Por isso, as imagens de Papai Noel inicialmente apresentadas ao mundo eram em trajes episcopais, tendo mais tarde assumido roupas de inverno na cor verde. Foi na Alemanha que o cartunista Thomas Nast o desenhou pela primeira vez com roupas vermelhas. A imagem, publicada na revista *Harper's Weekly* em 1886, começou então a se espalhar pelo mundo. Para quem gosta de coincidências mágicas, a configuração duradoura do Papai Noel surgiu exatamente no mesmo ano em que a fórmula da Coca-Cola foi inventada, sem que nenhuma relação existisse entre os dois fatos.

Só em 1931 o grande encontro aconteceria. Foi quando a Coca-Cola, tirando proveito da ilustração avermelhada com detalhes brancos do personagem criada por Thomas Nast, que remetia às cores de seu rótulo, lançou uma grande campanha publicitária de Natal, estrelada por ninguém menos que ele, Papai Noel. A campanha foi um enorme sucesso, as vendas aumentaram apesar do inverno, e a estratégia de usar o bom velhinho em suas comunicações natalinas foi mantida.

A dobradinha da Coca-Cola com o famoso pintor e ilustrador Norman Rockwell alavancou de tal forma a identidade entre Papai Noel e a marca que muita gente passou a acreditar que a Coca-Cola teria criado o personagem. Seu mérito, que não é pouco, foi identificar a oportunidade, investir pesado nela e se tornar a maior divulgadora da imagem que, até hoje, enfeita os sonhos das crianças e as celebrações natalinas no mundo inteiro.

Amigos ursos

O Natal, com sua carga simbólica de união familiar, manteve espaço privilegiado no calendário da Coca-Cola. Mas isso não fez com que a empresa abrisse mão de buscar outros personagens associados à data, além do consagrado Papai Noel. Foi assim que surgiu a simpática família de ursos-polares.

Apesar de já ter aparecido esporadicamente em sua comunicação desde 1922, o urso-polar só ganhou forma, família e ocupou posição de destaque com a campanha da Creative Artists Agency, de Los Angeles, em 1993.

Dezoito anos depois, em 2011, a empresa decidiu unir seus personagens fictícios a uma ação no mundo real, abraçando a causa da preservação dos ursos-polares. E em 2013 eles foram trazidos de volta à mídia, dessa vez em comemoração ao Dia das Mães.

Estado da arte

Como se não bastasse uma tipologia tão forte, que, independentemente do que está escrito, sempre nos remete à marca (camisetas com "cachaça" estampada nas letras da Coca-Cola são um exemplo bem-humorado desse efeito), a empresa se deu o luxo de adotar uma garrafa com design exclusivo.

Mais um acaso na longa lista da marca. Começou em 1894, com a bebida sendo vendida em uma loja de doces, em garrafas de vidro que tinham o nome da engarrafadora em autorrelevo: Biendenharn Candy Company. Apesar do sucesso da iniciativa, vários anos se passaram até que a oportunidade saltasse aos olhos. O processo de engarrafamento se espalhou gradativamente por várias empresas e cidades, despertando a Coca-Cola para a necessidade de uma padronização. Realizado em 1916 um concurso para a escolha de sua garrafa oficial, Raymond Louise, inspirado na fruta do cacau, sagrou-se vencedor.

A marca manuscrita aplicada a um exclusivo design de garrafa deu ao produto altamente industrializado um caráter artesanal, como que realçando origens fictícias. A evolução do artesanal para o artístico deu-se pelas mãos do grande Andy Warhol. Notabilizado pela reprodução mecânica de figuras icônicas como Marilyn Monroe, Elvis Presley, Che Guevara, Pelé e Mona Lisa, entre outros, dois produtos muito presentes na cultura americana integraram-se à sua lista de celebridades: Sopas Campbell's e Coca-Cola. Quadros com uma, três, cinco, até 210 garrafas de Coca-Cola, ou a mera tampinha do refrigerante, assinados por Warhol, deram à marca uma inestimável aura de sofisticação pop. Aderindo a esse primeiro movimento, muitos outros artistas desenvolveram obras baseadas nas latas do refrigerante, na estilização de garrafas, copos ou borbulhas, fazendo da Coca-Cola, com o acréscimo do farto material produzido por Norman Rockwell, a marca líder de representações nas artes plásticas.

A inserção no contexto cultural deu ainda à Coca-Cola o direito de participar do cenário musical mundial em alto estilo. A marca é citada em "Come Together" (The Beatles), "Billy Boola" (U2), "Desecration Smile" (Red Hot Chili Peppers), "The Static Age" (Green Day) e "Another Cold and Windy Day" (Bee Gees), esta última tão elogiosa que soa como um jingle. Outros grandes nomes, como Julio Iglesias e Cyndi Lauper, engrossam a lista de celebridades que cantam Coca-Cola.

Tendo adotado a música como elemento constante em sua comunicação desde os primeiros anos, a Coca-Cola parece ter provocado uma espécie de reciprocidade por parte da classe musical, ou estabelecido um convívio tão íntimo que a tornou bem-vinda no universo da sonoridade. Seu primeiro comercial de TV produzido no Brasil, em 1955, enfrentando a resistência natural de bebida estrangeira em um país onde guaraná era sinônimo de refrigerante, foi totalmente impregnado de música. Nele, o locutor e apresentador Carlos Henrique nos apresenta os instrumentos básicos do coco nordestino, em estratégica reverência a um ritmo local, preparando a entrada da cantora Dóris Monteiro com um coro masculino. Como em um típico programa de auditório da época, o público foi brindado com um jingle, cujo tema "Isso faz um bem" respondia às dúvidas que incomodavam a população sobre a saudabilidade do produto.

A marca seguiu cantando e conquistando espaço por aqui, até que Caetano Veloso, em "Alegria, Alegria", lhe deu um presente inestimável ao dizer "eu tomo uma Coca-Cola, ela pensa em casamento". A química entre Caetano e os Beat Boys no palco do teatro Paramount de São Paulo, transmitida para todo o país pela TV Record, arrebatou o público na segunda edição do Festival da Música Popular Brasileira, em 1967, tornando-se um marco do início do Tropicalismo.

Vários de nossos compositores e cantores também incluíram a Coca-Cola em seus repertórios, mas nada comparável ao que aconteceria quase vinte anos depois. Quando se pensava ser impossível glorificação maior do que a proporcionada por Caetano, Renato Russo e Dado Villa-Lobos deram um passo adiante, chamando de "Geração Coca-Cola" a música que viria a conectar a marca com a juventude dos anos 1980 e consagrá-la como identificadora de uma geração. Por ironia do destino, a música foi lançada em 1985, exatamente no ano em que a marca sofreria um de seus mais graves reveses. Enquanto brilhava nas paradas de sucesso brasileiras pela voz da Legião Urbana, a situação da Coca-Cola em seu país de origem desafinava e atravessava o ritmo.

O antagonista

Em seu livro *The Real Thing — Truth and Power at the Coca-Cola Company*, Constance L. Hays diz que há conflito na própria essência do produto, um confronto íntimo de forças. Segundo ele, um gole de Coca-Cola é ao mesmo tempo doce e ácido, sua fórmula reúne elementos tão banais quanto açúcar e tão exóticos quanto noz de cola. Descontados os excessos poéticos, já é um bom começo para a construção da história. Mas isso não exime nossa protagonista de enfrentar sérios e concretos antagonismos externos, que só fazem acrescentar emoção à narrativa.

Tendo alcançado a supremacia absoluta no mercado de refrigerantes, a Coca-Cola, por muitos anos, agiu de forma conservadora. Sua comunicação, esmerada nos valores de produção, tendia ao *slices of life* básico, geralmente apoiado por uma bela música. Nada muito ousado que pudesse pôr em risco sua folgada posição de líder.

Aproveitando-se da brecha causada por esse conservadorismo, no final dos anos 1970, a Pepsi abriu fogo contra a Coca, deflagrando o que passou a ser conhecido como a Guerra das Colas.

Nascida em 1893, portanto apenas poucos anos mais jovem do que sua concorrente, e coincidentemente também fruto da tentativa de criar um medicamento, no caso para combater a dispepsia, a opositora da Coca-Cola adotou a estratégia típica das marcas desafiantes. Foram anos e anos apresentando-se, de forma bem-humorada e muito agressiva, como a eleita dos jovens, ao mesmo tempo que rotulava a líder do segmento como ultrapassada, antiquada.

Ao longo dos anos 1980 e 1990, a Pepsi brindou o mercado publicitário com trabalhos antológicos de propaganda comparativa. *Archaeology*, de 1985, é um dos mais emblemáticos. Mostra um professor e seus alunos visitando ruínas de nossa civilização em um futuro distante. Com latas de Pepsi na mão, que lhes aliviam a sede enquanto participam do estudo, os alunos vão encontrando objetos empoeirados e desconhecidos pelo caminho, pedem informação ao professor, que nunca titubeia em lhes ensinar o nome e a aplicação de cada um dos objetos encontrados. Até que uma garrafa muito deformada pela passagem do tempo é encontrada. Perguntado sobre ela, o professor conduz a turma a um aparelho que lhe revela a forma original. Cresce a expectativa em torno daquela descoberta. Vemos que se trata de uma clássica garrafa de Coca-Cola, mas para os personagens do filme parece algo vindo de outro planeta. À insistente curiosidade dos alunos sobre a peça examinada, o professor, intrigado, limita-se a dizer que não faz a menor ideia do que seja. O comercial é assinado com o tema que melhor exemplifica a linha adotada nesses anos de combate explícito: *Pepsi — A Escolha da Nova Geração.*

A Coca-Cola, que até então vinha acertadamente resistindo à tentação de responder às provocações, para surpresa de todos, no mesmo ano de 1985, lançou um produto chamado New Coke, a primeira alteração de sua fórmula original em 99 anos de existência. Na ocasião, o CEO da companhia era o primeiro estrangeiro a assumir o comando. Chamava-se Roberto Goizueta, um engenheiro químico nascido, logo onde?, em Cuba. Convencido de que os jovens preferiam o sabor de Pepsi e de que os novos tempos clamavam por mudança, Roberto não se atreveu a dar passo tão grave sem antes obter o aval do legendário Robert Woodruff, responsável pela internacionalização da empresa. Fragilizado por seus 95 anos de idade, mas ainda influente no *board*, onde era conhecido por sua aversão a mudanças, o decano do império de Atlanta acabou cedendo ao entusiasmo do executivo cubano.

O efeito não poderia ter sido mais desastroso. Cerca de três meses após seu lançamento, o projeto New Coke foi destruído, bombardeado por centenas de milhares de telefonemas e cartas, pela imprensa e até por Fidel Castro, que enxergou naquela novidade um sinal de declínio do capitalismo. Antes do recuo forçado, no segundo mês de implementação do novo sabor, Robert Woodruff faleceu, reforçando a sensação de movimento amaldiçoado que se abateu sobre a marca. Mudar o sabor da Coca-Cola era mexer com a emoção de milhões de americanos, algo como ultrajar um símbolo nacional. Tanto que o anúncio da volta do sabor tradicional mereceu notícia em edição extraordinária da rede de televisão ABC, interrompendo a transmissão de sua famosa série dramática *General Hospital*, além do solene pronunciamento do senador David Pryor, classificando aquele como "um momento significativo na história dos Estados Unidos".

A tentativa de rejuvenescimento acabou se tornando motivo para o declínio das vendas, e um gancho para que a Pepsi apregoasse que Davi novamente havia vencido Golias. É sintomático que o tema que substituiu *A Escolha da Nova Geração* tenha sido, em 1987, *O Sabor de Vencer*.

Para tornar a vida da Coca-Cola ainda mais difícil, um impressionante elenco de celebridades foi contratado pela Pepsi, reforçando sua conexão com o público jovem nesse extenso período de guerra. Madonna, Michael Jackson, Bob Dylan, Britney Spears, Beyoncé, David Bowie, Rihanna, Jennifer Lopez, Tina Turner, Shakira, Justin Timberlake e Spice Girls são apenas alguns exemplos dos aliados Pepsi contra o império da Coca-Cola. A eles se juntaram personagens de ficção como o simpático ET, de Steven Spielberg, e os consagrados personagens de *Guerra nas Estrelas*, Darth Vader e Mestre Yoda. Enfim, um ataque de peso que também convocou atletas, entre os quais os brasileiros Gustavo Kuerten, Pelé, Kaká, Denilson, Roberto Carlos e Ronaldinho Gaúcho.

Sob intenso bombardeio, restou à Coca-Cola desistir definitivamente da New Coke, se possível esquecê-la, retornar com todas as forças à tradicional fórmula sob o nome de Coca-Cola Classic, entrincheirar-se em suas bases e deixar que a Pepsi gastasse seu arsenal, enquanto novos raciocínios de comunicação eram formulados para que, pouco a pouco, o poder da maior indústria de refrigerantes do mundo esvaziasse o ímpeto de seu adversário.

Discursos borbulhantes

Foi declarando *You can't beat the feeling*, em 1988, que a Coca-Cola reafirmou ao mercado, e principalmente a seus fãs, que estava forte e com elevada autoestima. Contrapunha-se diretamente ao "sabor de vencer" proclamado pela Pepsi, e partia para uma nova fase de conquistas. No Brasil, o slogan foi traduzido como *Emoção pra valer*, e chegou quando ainda estávamos sob o efeito de ouvir "Águas de março", de Tom Jobim, executada como trilha sonora mundial dos comerciais do refrigerante, desde o ano anterior. Também em 1987, a Coca-Cola assinou o maior contrato esportivo feito por uma empresa privada no Brasil até aquela data: patrocinou a Copa União. O investimento no esporte foi tão positivo que, em 1990, a marca assumiria o patrocínio da Seleção Brasileira de Futebol em todas as categorias.

Reforçando sua imagem nos mais diversos campos de atuação, em 1993, a marca se sentia suficientemente segura para lançar a campanha "Sempre Coca-Cola", a segunda mais longa de sua história, que durou até a virada do milênio. Só o primeiro slogan (*A pausa que refresca*), de 1942, foi mais duradouro que o de 1993, assinando sua comunicação publicitária por dez anos consecutivos.

Aumentava a presença da marca e a robustez do slogan, mas o conteúdo da comunicação seguia a velha fórmula "música + slices of life", que a deixava em posição vulnerável a novos ataques de concorrentes mais ousados. O formato padrão dos filmes da Coca-Cola vinha sendo ocasionalmente quebrado por heroicas exceções, como aconteceu com "Mean Joe Greene", em 1979, onde o contundido e mal-humorado atleta é abordado por um pequeno fã, que lhe oferece uma garrafa do refrigerante no vestiário, sensibilizando o grandalhão para uma atitude mais amigável. Era o tempo de "Coca-Cola e um sorriso", que teve a mesma cena reproduzida no Brasil com o jogador Zico. Antes disso, em 1971, um comercial bem menos criativo, mas igualmente poderoso, mostrava jovens de diferentes nacionalidades cantando no alto de uma colina um quase hino religioso sobre desejos edificantes que desembocava no refrão cuja letra apresentava a bebida como *The Real Thing*. Ambas as peças, criadas pela agência McCann Erickson, prenunciavam o que viria a nortear o caminho da marca no futuro.

Passando por temas como *Enjoy* (2000) e *Life Tastes Good* (2001), a Coca-Cola iria revisitar a pegada dos anos 1970 com *Real* (2003) e *Make it Real* (2005). A sequência de ações bem-sucedidas, que resultou em situação absolutamente dominante no planeta, levou a marca a assumir um papel próximo do messiânico. Logo, no ano seguinte (2006), o mundo era apresentado ao *Coke Side of Life*.

Reproduzindo os elementos do violento game GTA (Great Theft Car), o personagem principal do jogo, após um gole do refrigerante, abandona a truculência que lhe é peculiar e distribui Coca-Cola para suas possíveis vítimas. Ao som de música que diz "you give a little love and it all comes back to you", todo o ambiente se transforma em uma celebração do "lado Coca da vida". Este é o resumo do brilhante comercial criado pela Wieden+Kennedy, marco de uma nova postura criativa, porém sem abrir mão do discurso otimista-afetivo construído décadas antes.

Depois dessa ruptura de forma, uma enorme arquitetura de storytelling viria à tona.

Happiness Factory

O que a Coca-Cola vende? No início, era refrigerante. Hoje, é felicidade.

A moeda introduzida em uma vending machine gira dentro da máquina e ativa um mundo fantástico. Esse mundo é povoado por chinoinks (seres parecidos com lesmas que voam sustentados por hélices), mortar men (os responsáveis pelos fogos de artifício que metaforizam as borbulhas da gaseificação), love puppies (bolinhas peludas dominadas por grandes bocas especializadas em beijar), pinguins (os que cuidam da temperatura gelada do produto), operários (cada um dedicado a uma fase da produção, inclusive alguns voadores, com destaque para o mestre de doçura e os colocadores de tampinhas), e músicos de uma extensa banda que remete ao gênero marcial festivo dos desfiles Disney. Dentre os personagens, a posição mais parecida com a de mestre de cerimônias cabe a Wendy, que tem traços próximos do humano e seria uma espécie de baliza da banda. Todos eles revelam devoção à missão de produzir Coca-Cola, levam a sério o que fazem e têm características engraçadas, se atrapalham e provocam momentos de confusão enquanto atuam.

O lugar mágico que se oculta nas vending machines de Coca-Cola é aberto, inspirador como Shangri-lá e se chama Fábrica da Felicidade. Foi criado pela Wieden+Kennedy, produzido pela Psyop e revela uma das mais articuladas ações de storytelling registradas no marketing mundial. Surgiu em 2007, ancorado no *Coke Side of Life*, agora explicitamente definido como o lado "felicidade". Como não poderia deixar de ser, a história da Happiness Factory veio acompanhada de uma música, dessa vez apenas orquestrada, cujo tema melódico principal se converteu em uma vinheta sonora de apenas cinco notas. Um belo trabalho de sound branding que gruda na memória como os beijos dos love puppies.

Onipresença

2010. A Copa do Mundo acontece pela primeira vez no continente africano. Todos os olhos do mundo se voltam para a África do Sul.

O hino oficial do evento se baseia em um tema musical a que nossos ouvidos já estão acostumados. São cinco notas que

COCA-COLA.

passeiam pelo tecido melódico e compõem o refrão em forma de ô-ô-ô-ô-ô, muito adequado ao que se espera de torcedores em um estádio. Sem assumir o fato, a Coca-Cola fez de sua trilha sonora nada menos que o tema do mais popular evento esportivo do planeta.

Patrocinadora dos Jogos Olímpicos desde a edição de 1928 em Amsterdã, e da Copa do Mundo desde 1978, a Coca-Cola é presença constante não só em eventos esportivos, mas também nos grandes espetáculos musicais, como é o caso do Rock in Rio.

Já foi dito por um de seus executivos internacionais que "a Coca-Cola se considera menos uma engarrafadora de refrigerantes e mais uma empresa de entretenimento, que ativamente molda e patrocina eventos esportivos, shows, filmes e séries de TV".

Com a importância crescente do mundo virtual, também por lá circula intensamente a narrativa da marca. Seus representantes registram permanente atenção ao storytelling mais abrangente possível, declarando, por exemplo, que "a tecnologia pode permitir um uso da criatividade brilhante e nos oferece ferramentas para vendermos melhores histórias e criarmos melhores experiências". E, ainda, "que a tecnologia mudou a abordagem em relação ao storytelling... a evolução do storytelling de mão única para um storytelling dinâmico".

Ao assumir o tema *Abra a Felicidade* em sua comunicação a partir de 2009, a Coca-Cola declara com todas as letras seu propósito de estar alinhada com o ponto máximo dos anseios humanos. A fórmula secreta, com que iniciou sua trajetória há mais de um século, parece autorizá-la a se colocar em patamares jamais ambicionados por qualquer outra marca.

STORYTELLING

Assista aqui aos vídeos que ilustram este capítulo:

COCA-COLA.

Capítulo 18

JOHNNIE WALKER.

Sob a mesma direção

Um gaiteiro de fole escocês todo paramentado toca seu instrumento em típica paisagem de sua terra. A distância vemos um homem que se aproxima a passos firmes, em trajes antigos, que chega falando: "Ei, gaiteiro! Pare com isso!"

A música se interrompe imediatamente. O homem passa pelo gaiteiro e segue andando enquanto fala para a câmera:

Esta é uma história verdadeira. Sobre um rapaz chamado John. Apenas um menino de fazenda local. Mas havia algo especial nele, um brilho nos olhos, um fogo na barriga, uma inquietação no seu passo.

Um dia ele saiu pra uma caminhada. Começou quando seu pai morreu.

Era 1819, e ele tinha apenas 14 anos de idade. Precisava de terapia? Bem, esse era um tempo em que os rapazes eram enviados aos campos... os moinhos, as minas — tempos duros.

Mas o jovem John era mais esperto que sortudo. A fazenda de seu pai, onde nasceu e se criou, foi vendida. E o dinheiro, usado para abrir uma mercearia.

Grande responsabilidade para um garoto. Sua própria loja em Kilmarnock, com seu nome na porta: John Walker. Ou Johnnie, como ficou conhecido.

Naquela época, todas as mercearias estocavam uma variedade de maltes locais únicos. Mas eles podiam ser... um pouco inconsistentes.

Para John, isso não era bom o suficiente. Ele começou a misturar diferentes maltes para oferecer a seus clientes um produto único e consistente. Sua arte de fundo de quintal logo se transformou em uma proposta comercial. Bem lucrativa. E, porque não há nada como uma proposta comercial para comover um coração escocês, a coisa rapidamente se tornou indústria, cheia de empresários ambiciosos.

John prosperou nesse mercado. E logo seus filhos, Robert e Alexander, também se juntariam a ele. Os Walkers se afirmaram como grande nome em uma indústria em acelerada ascensão. Ninguém poderia detê-los.

No século XIX, eles compraram uma famosa destilaria em Cardhu, trancada, estocada e garantindo seu estoque de um suave malte. Garantindo, principalmente, que nenhum concorrente colocaria as mãos naquele malte.

Mas o jovem Alexander não estava satisfeito em ser apenas o maior produtor da Escócia. Não era o bastante para ele. Não, não. Ele convenceu os capitães de navio de Glasgow a atuar como seus agentes, e levou o uísque com o nome de seu pai ao redor do mundo.

Em 1860, desenvolveu uma garrafa quadrada, agora com o rótulo em um ângulo de precisamente 24 graus. "Grande coisa", você pode pensar. Mas você está errado.

JOHNNIE WALKER.

A garrafa quadrada evitava quebras e garantia mais garrafas por viagem. O rótulo diagonal significava letras mais fortes. E tudo isso junto dava ao Johnnie Walker uma presença inconfundível em qualquer prateleira do mundo.

A garrafa virou ícone, e o rico líquido que ela continha era procurado e consumido através do globo.

Que personagem, Alexander Walker! Mestre na arte de misturar maltes, ambicioso, irredutível.

Neste ponto da fala, o homem passa por uma imagem de Alexander Walker e o cumprimenta: *Sr. Walker!*

Ele continua andando e falando no mesmo ritmo:

Os netos de John, George e Alexander II, juntaram-se à sua jornada. Conduziram a marca para o século XX.

Em 1909, eles desenvolveram os icônicos Red Label e Black Label. E convenceram Tom Brown, o melhor jovem ilustrador da época, a desenhar um homem andando a passos largos, em um pedaço de guardanapo, durante um almoço de negócios. No traço da caneta, um lojista vitoriano foi transformado em um elegante cavalheiro.

Em 1920, a caminhada de Johnnie o levou a 120 países. E ele continuou caminhando, através das campanhas publicitárias da marca, nos cinquenta anos seguintes, pelo tecido da cultura mundial. Profundamente, no coração escuro de muitas guerras e nos prazerosos palácios da aristocracia. Eternizado pelas lendas da tela, celebrado pelos criadores de filmes, cantores, escritores... ombro a ombro com os melhores esportistas, ganhando incontáveis prêmios internacionais por qualidade, e até mesmo sendo considerado a bebida oficial da realeza pelo Rei George V.

Não era possível retroceder depois disso. Mas retroceder sequer passou pela cabeça de Johnnie, ou de sua família.
No final do século XX, aos consagrados Red Label e Black Label juntaram-se o Green Label, o Gold Label e, o mais valioso de todos, Johnnie Walker Blue Label.
No início do século XXI, Johnnie Walker não era apenas a maior marca de uísque do mundo, mas um símbolo internascional de progresso.
O mantra Keep walking *da marca foi adotado por protestantes pró-democracia e escritores de discursos parlamentares.*
O que pensaria o menino vitoriano de fazenda sobre tudo isso? Ele adoraria.
Ele pode até ter sido um lojista vitoriano nascido em uma fazenda. Mas ele e sua família, que o seguiu, tinham uma poderosa ambição, além de habilidade e inteligência.
Duzentos anos passaram e Johnnie Walker ainda está caminhando. E não mostra nenhum sinal de que vai parar.

O homem segue andando por um caminho que parece não ter fim. Pela primeira vez, a câmera deixa de acompanhá-lo em um recuo constante, para que o personagem prossiga sem ela.

Durante a caminhada, que dura quase seis minutos, não há pausas nem cortes. E nos deleitamos com o sincronismo entre a fala do personagem e os elementos cênicos que ele encontra; desde o túmulo, quando é mencionada a morte do pai de Johnnie, até a garrafa de 1860, encontrada sobre uma espécie de mesa alta, a tempo de ser comentada, apresentada em todos os detalhes e colocada em um recipiente mais adiante, exatamente quando aquela parte do texto se encerra. Há a porta alu-

JOHNNIE WALKER.

siva à mercearia no meio do nada. Há monitores empilhados, quando é feita alusão à presença da marca no tecido cultural do mundo. Há uma mistura de precisão, atrevimento e qualidade criativo-execucional, que transforma o que poderia ter sido um daqueles vídeos chatos de empresa em uma obra-prima, onde o storytelling da marca passeia em alto estilo diante de nossos olhos.

O ator é Robert Carlyle, o diretor é Jamie Rafn, e o roteirista é Justin Moore, da agência BBH.

Típica história de percurso, podemos dizer. Onde tudo conspira a favor da marca, a partir do significado do nome Walker.

Ter nas mãos um produto que se chama Johnnie "Caminhador", cuja trajetória através do tempo revela interessante trama de amadurecimento, faz o tema *Keep walking* parecer óbvio. Até certo ponto, sim. Mas para um uísque?

O que autoriza uma bebida alcoólica destilada a se apresentar como incentivadora das pessoas em seus passos pela vida? A princípio, nada. A não ser a ousadia.

Para Johnnie Walker, encorajar o público a seguir em frente faz sentido, porque essa é a verdade da marca. É isso que ela vem fazendo há mais de dois séculos. E o sentido do seu lema só faz crescer com a variedade de interpretações criativas que vem recebendo em suas diferentes fases de comunicação. Atreve-se a enviar mensagens como se fosse o próprio consumidor daqui a cinco anos, no instigante comercial "From the future". Põe até o morro do Pão de Açúcar em movimento, aproveitando-se de um momento em que o Brasil parecia estar prestes a realizar seu sonho de grandeza, para dizer: "O gigante acordou." Sem saber que a frase, que antecedia o desfecho

STORYTELLING

"Keep walking, Brasil", seria adotada pouco tempo depois pelos milhares de manifestantes que saíram às ruas para protestar contra a condução do país.

A metáfora da história como caminho encontra nessa marca sua demonstração, digamos, mais ao pé da letra. Desde o batismo, ela sinaliza o rumo de sua comunicação, e vem sabendo explorar com muita propriedade as múltiplas alternativas que se apresentam durante o trajeto. Johnnie Walker cumpre como poucos o destino que lhe foi reservado.

Assista aqui aos vídeos que ilustram este capítulo:

Capítulo 19

RED BULL.

Touro vermelho, OK. Mas voador?

A história começa pelas asas. Elas estão no slogan, nos eventos, na origem, sobrevoando a marca o tempo todo.

Quando em 1991 aconteceu em Viena o primeiro Flugtag, algo que se traduz como "dia de voo", a Red Bull oferecia a quem quisesse a possibilidade de apresentar em público seus aparelhos voadores feitos em casa, e provar que funcionavam, lançando-se no ar como se fossem pioneiros da pré-aviação. Curioso verificar que estamos falando do mesmo princípio da história que marcou a Torre de Gálata em Istambul, narrada no início deste livro, agora com final feliz.

O requisito básico dos aparelhos participantes era serem movidos unicamente por três forças: muscular, da gravidade e da imaginação.

Voar é um sonho que nos alimenta desde sempre, manifestado mitologicamente em Ícaro, mas presente na figura dos anjos e de tudo o que se liga à ascensão, seja física, espiritual, econômica, profissional, política, qualquer tipo de ascensão. Muita coisa voa nesta vida, inclusive o tempo, mas nada vai tão alto quanto nossa capacidade de imaginar.

STORYTELLING

Nas asas do Flugtag, Red Bull reforçou sua presença em várias partes do mundo, ganhou notoriedade e inspirou o que viria mais adiante. Em 2003, outro evento da marca surgiu vitorioso, transformando-se em campeonato mundial de um esporte exclusivo. Chama-se Red Bull Air Race, e segue empolgando as cidades onde é disputado, com pilotos de pequenos aviões acrobáticos desafiados por circuitos de obstáculos em busca do melhor tempo. Um esporte que exige destreza, domínio técnico e precisão milimétrica, oferecendo ao público um show de manobras de tirar o fôlego.

De onde veio a ideia de colocar a marca nessa trajetória? Talvez de um acaso.

Voltemos a 1984. Mais um fenômeno de marca ocorrendo no mesmo período em que Nike, Apple e Coca-Cola viviam grandes momentos de sua história. Naquele ano nascia o produto do touro vermelho como o conhecemos hoje. Mas ele já existia na Tailândia, sob o nome de Krating Daeng, cuja tradução para o inglês é exatamente Red Bull. E foi descoberto por causa de um problema causado por longas viagens de avião.

O austríaco Dietrich Mateschitz, diretor de marketing de um fabricante de creme dental alemão, chegou à Tailândia com um tremendo jet lag. Percebendo o mal-estar físico do viajante, os tailandeses lhe indicaram um tônico local, famoso por aumentar a resistência do corpo e a concentração mental, muito usado por trabalhadores braçais e caminhoneiros. Dietrich se empolgou com a bebida, descobriu que ela era produzida pela TC Pharmaceuticals, e não demorou muito para convencer Chaleo Yoovidhya, proprietário da empresa tailandesa, a formar com ele a joint venture Red Bull GmbH, que iniciaria seu caminho na Europa com uma fundamental alteração de marketing: deixaria de se dirigir aos que executam trabalhos pesados para definir como público-alvo os homens jovens, entre 18 e 24 anos, praticantes de esportes de aventura, ou de alguma forma atraídos por esse tipo de atividade. De marca originalmente percebida como funcional, Red Bull, com essa guinada estratégica, ingressou no território do lifestyle.

A imagem de dois touros se enfrentando, estampada na embalagem do produto, não é a que melhor transmitiria o conceito de leveza. Mas, se a olharmos de relance, os dois touros parecem formar um par de asas. Dependendo do ponto de vista, não é difícil chegar-se à conclusão de que a força da marca sempre esteve associada ao voo.

Segundo Mateschitz, o slogan "Red Bull te dá asas" diz respeito à habilidade e ao poder para se conseguir o que se deseja. Um convite para uma vida cheia de atividade e desafios, sem medo de testar os limites.

Escapando dos padrões

A presença de Red Bull em mais de 140 países sugere investimentos fabulosos em mídia, mas não é isso o que acontece. Pelo menos, não nos moldes praticados por outras marcas de porte semelhante.

Em vez de patrocinar, Red Bull cria e produz seus próprios eventos. Além dos esportes aéreos já mencionados, onde por licença poética também podemos incluir o cliff diving e as grandes manobras de skate, a marca domina a cena do ciclismo downhill com suas competições Red Bull Rampage, Red Bull Empire of Dirt e Red Bull Elevation. E sacode o coração dos fãs de motocross com o Red Bull X-Fighters. Acha suficiente? É só o começo.

Red Bull não patrocina times de futebol, prefere inventá-los: um na Áustria (Red Bull Salzburg), um nos Estados Unidos (Red Bull New York), um na Alemanha (RB Leipzig), um no Brasil, em Campinas (Red Bull Brasil), e sabe-se lá quantos mais mundo afora.

E na Fórmula 1? Nessa categoria dá-se o luxo de ter duas escuderias: a Toro Rosso e a do tetracampeão Sebastian Vettel (2010, 11, 12, 13) Red Bull Racing (RBR).

Essa atitude ímpar proporciona à marca uma gigantesca presença na mídia, gerando experiências e histórias de incomparável envolvimento e teor emocional.

Acontece que a palavra "mídia", quando se trata de Red Bull, adquire outra latitude. Replicando o comportamento adotado em relação aos eventos, a marca também tem mídia própria. Seu canal de esportes no YouTube, por exemplo, com 1,4 milhão de assinaturas — até o momento em que este livro é escrito —, só perde em audiência pro canal da NBA.

Dentro da divisão conhecida como Red Bull Media House cabem ainda a Servus TV (emissora distribuída na Áustria, Suíça e Alemanha) e a TV de Nova Geração, com conceito de aplicativo, que roda em devices da Apple, smarTVs e outros equipamentos móveis selecionados. Na ponta da mídia impressa, a revista *Red Bull Bulletin* é distribuída em 12 países.

Como quem tem mídia precisa de conteúdo, a Red Bull não se priva de preencher também esse campo. É o que veremos a seguir, com direito a mais uma mídia exclusiva da marca.

Música energizada, filmes e games eletrizantes

A Red Bull Music Academy está definida em seu site como "uma série de workshops e festivais musicais, viajando pelo mundo: uma plataforma para aqueles que fazem diferença na paisagem musical atual".

Na prática, é o nome que abraça toda a atividade musical da marca.

Começa por uma emissora de rádio própria e se completa com a produção integral do conteúdo da rádio. Mas não fica só por aí. Na esteira da produção de conteúdo entram clipes poderosos e documentários sobre o universo da música, exibidos nas emissoras de TV Red Bull, além de uma impressionante série de eventos musicais.

Todo o conteúdo gerado pela marca está sob o guarda-chuva da Red Bull Media House, que também produz uma razoável variedade de filmes, vários deles repletos de adrenalina. *The Art of Flight*, por exemplo, elevou o snowboarding a um patamar nunca antes apresentado nas telas. E não nos esqueçamos dos games, outra frente aberta de produção, que permitem absoluta interação entre usuário e marca.

Cada música, cada filme, cada evento e cada game significam uma nova história, que vai se somando à macronarrativa da marca, instantaneamente entrelaçada com as experiências vividas pelo público.

A coisa foi levada a tal ponto que chegou à estratosfera.

Stratos

Felix Baumgartner é o nome do protagonista. Paraquedista e *base jumper* austríaco, queria deixar seu nome na história saltando da maior altura de todos os tempos. Red Bull entrou em cena, ajudou-o a cumprir sua missão e mostrou, a quem quisesse acompanhar, todo o processo que leva um homem até a estratosfera para se lançar em uma queda que desafia limites e tem grandes possibilidades de terminar em tragédia.

A preparação, o voo de Baumgartner em uma cápsula espacial a reboque de um balão, a imagem de nosso planeta visto da estratosfera, a 39 mil metros de altura, com aquele homem em trajes de astronauta saindo da cápsula e se atirando de lá, a velocidade alucinante da queda livre (1.342 km/h) — outro recorde mundial, a abertura do paraquedas, o monitoramento da operação feito por uma equipe que lembrava os grandes momentos da Nasa, a chegada vitoriosa ao solo, a comemoração dos envolvidos com o herói — o aventureiro a cujos sonhos Red Bull deu asas.

Os recordes batidos por Felix Baumgartner no projeto Stratos levaram a Red Bull a conquistar um outro recorde: o de vídeo mais assistido da história do YouTube.

De que negócio estamos falando, afinal?

Dizer que Red Bull é uma bebida energética, a essa altura do campeonato, soa bastante reducionista. A partir do produto e de seu conceito, a marca ingressou nos negócios de mídia e eventos, colocando-se em uma posição atípica e obtendo resultados financeiros que competem com o negócio original. Exagerada ou não, replicável com outras marcas ou não, ainda não sabemos. O fato é que a amplitude do business tem sido compensada pela solidez do "te dá asas", ideia solitária que sustenta todo esse aparato.

Ty Montague, autor de *True Story*, entende que Red Bull é um dos exemplos mais expressivos de marcas que ultrapassam os limites do storytelling para atingir o **storydoing**, dominado pelo que ele chama de **metastory**. Na visão do autor, metastory é uma terceira espécie de história, colocando-se ao lado da tradicional dupla *ficção* e *não ficção*. Sua definição não poderia ser mais objetiva: Metastory é "*história contada através da ação*". Segundo ele, atingir o nível de *storydoer* permite às marcas reduzir drasticamente, ou até mesmo eliminar, seus investimentos na chamada propaganda convencional.

Independentemente da diversificação dos segmentos de atuação da marca, alia-se em parte à tese de Montague o Diretor de Desenvolvimento de Negócios da Red Bull Media House, Bernhard Hafenscher, ao dizer durante visita feita ao Rio de Janeiro em 2013: "Não fazemos propaganda, contamos histórias."

STORYTELLING

Assista aqui aos vídeos que ilustram este capítulo:

Capítulo 20

HAVAIANAS.

Rasteirinha, mas de salto alto

Esqueça os sapatos de cristal. Cinderela tem uma sandália que é o seu número.

Nascida chinelo de pobre em 1962, preocupada em explicar seus atributos funcionais ao povão, Havaianas decidiu virar princesa a partir de 1994.

Seus primeiros trinta anos de vida foram vividos em mercados de bairro, de onde saiu calçando pés que a levavam para passeios pouco nobres.

Mas a origem humilde não lhe sufocava a ambição, revelada na própria escolha do nome. Por que Havaianas e não Brasileiras, Cariocas, Baianas, algum nome condizente com sua nacionalidade? Os mais apressados dirão que é por causa do estilo do produto, típico do... Errado. A inspiração das sandálias Havaianas não veio do Havaí, como era de se esperar, mas do Japão, precisamente das sandálias Zori, cujas tiras de tecido aplicadas a um solado de palha de arroz dão ao produto um toque artesanal. Produzidas com borracha e em escala industrial, as Havaianas tiveram o cuidado de adotar uma textura de microcírculos no solado, cuja intenção era reproduzir os grãos de arroz do original japonês que as inspirou.

STORYTELLING

Por que então embarcar nesse nome? Provavelmente para pegar carona, de forma planejada ou por mero acaso intuitivo, na história fixada no imaginário de um imenso público. Eram os anos 1960, o fascínio exercido pelos Estados Unidos sobre o Brasil e o mundo era arrebatador, e o Havaí era o lugar mais parecido com o paraíso a povoar nossos sonhos. Basta lembrar que só Elvis Presley rodou três filmes seguidos naquela região: *Feitiço havaiano* (em 1961, um ano antes do surgimento da marca), *Garotas! Garotas! Garotas!* (sincronizado com o nascimento de Havaianas, em 1962) e *No paraíso do Havaí* (em 1965). Os filmes de Elvis tinham suas trilhas simultaneamente lançadas em discos e, para dar uma ideia de impacto, "Blue Hawaii" (título original de *Feitiço Havaiano*) liderou os top 10 mais vendidos nos Estados Unidos por nada menos que 20 semanas consecutivas.

Resumindo, o nome Havaianas continha um aspiracional maravilhoso, pronto para ser devidamente explorado no momento oportuno.

Nos anos 1970 e 1980, intensificou-se a popularidade da marca. Chico Anysio, mestre do humor admirado por todas as classes sociais, tornou célebres as frases: "Não deformam, não soltam as tiras e não têm cheiro" e "Havaianas, as legítimas". A preocupação dessa última frase em sublinhar o fator autenticidade não deixa dúvidas quanto ao sucesso do produto, que desde então começou a enfrentar um número crescente de imitadores.

Não sendo tão difícil assim de imitar e destinando-se a um target mais atraído por praticidade e preço, o caminho que se abria para a marca era tão natural quanto arriscado: sofisticar.

HAVAIANAS.

Sair do popular para o fashion, depois de tantos anos, significava uma virada brusca na história da marca, coisa que geralmente resulta em desastre. Só que tudo fez sentido quando, em 1994, ouviu-se o slogan *Havaianas. Todo mundo usa.* Era a pura verdade. A conhecida sandália de borracha ainda não andava pelos lugares mais refinados, mas já participava da intimidade de todas as classes sociais.

Artistas e atletas famosos começaram a aparecer usando o produto na televisão. Havaianas tinha o dom de deixar os pés expostos, transmitindo um quê de autenticidade na atitude dos que a usavam. Na mídia impressa, as sandálias passaram a ser mostradas em anúncios tão bonitos e bem produzidos que mais pareciam obras de arte, tudo sempre mantendo um tom de irreverência que sintonizava a marca com o jeito de ser brasileiro.

O comportamento da marca tornou-a semelhante aos protagonistas de tramas de superação, personagens que vêm de baixo e vencem vários obstáculos para chegar ao topo.

Cabia muito mais significado em Havaianas do que o até então transmitido. Vieram os múltiplos modelos, a profusão de cores, as coleções para bebês, as edições temáticas, enfim a percepção de que o preço barato não era incompatível com os domínios da moda, e que ter vários modelos de Havaianas em casa era algo perfeitamente normal e desejável.

Para a Copa do Mundo de 1998 foram produzidas sandálias com uma bandeirinha do Brasil na tira. Golaço. Aquela fornada de Havaianas despertou orgulho na torcida brasileira e desejo no público estrangeiro. Os nascidos em outros países perceberam a lógica da bandeira verde-amarela nos pés do povo mundialmente admirado por futebol, samba e alto-astral. E assim as portas do mundo se abriram para a marca.

Em 2000, Havaianas já era sucesso em vários países, com destaque para França, Austrália e Estados Unidos, onde o grande acolhimento no Havaí constituía um aval especialíssimo.

Não parou mais de crescer. Espalhou-se pelo mundo, atingindo mais de oitenta países dos cinco continentes. Passou a ser admitida em festas chiques, onde criou-se o ritual de, após um determinado período de intocável elegância, trocar os desconfortáveis calçados sociais pela sandália que nos liberta os pés e a alma. Em 2003 chegou a ser distribuída em uma edição especial para os participantes da entrega do Oscar. E, no extremo do luxo, um modelo com acabamento em ouro, incrustado de diamantes, foi assinado pela joalheria H. Stern.

A cada ano, vemos Havaianas ganhar mais projeção. Quando viajamos, podemos encontrá-la em lojas conceituadas como Harrods, na Inglaterra, e Galeries Lafayette, na França. Apenas nos Estados Unidos a marca está em cerca de 1.700 pontos de venda. Quando turistas estrangeiros nos visitam, vemos o quanto as sandálias se tornaram objeto de desejo, quase um suvenir obrigatório, adquirido aqui por preços bem menores que os praticados no exterior, e com uma tentadora variedade de modelos.

Como essa história foi construída? Com absoluta simplicidade.

Os comerciais de TV de Havaianas há muitos anos nos apresentam situações divertidas em que o produto participa com intensidade maior ou menor, porém sempre de maneira despretensiosa. Ora vemos celebridades nas lojas às voltas com

HAVAIANAS.

vendedores tietes, ora temos celebridades em situações cotidianas, como pegando uma praia em um fim de semana, ora nos deliciamos ao ver brasileiros que não aceitam a participação de um argentino nas críticas feitas ao Brasil, ou rimos de uma francesa que, planejando a viagem de lua de mel, desiste de vir para cá ao ver as fotos das mulheres brasileiras que certamente lhe roubariam as atenções do marido. São muitas peças, todas no mesmo tom de identidade com o espírito brasileiro. Pequenas histórias que, juntas, constroem uma narrativa de marca tão bem amarrada que não envelhece, não cansa, não deforma nem solta as tiras.

Assista aqui aos vídeos que ilustram este capítulo:

Capítulo 21

DIESEL.

Movida a ideias alternativas

Fundada em 1978 por Renzo Rosso e Adriano Goldschmied, a Diesel afirmava seguir aprendizados de criatividade italiana, marketing americano e sistemas alemães. A estranheza de seu nome foi justificada pela identificação com o combustível, na época, apresentado como alternativo (percepção que a grife desejava para si, contrapondo-se ostensivamente ao mainstream), e a facilidade de grafia e pronúncia, exatamente iguais no mundo inteiro.

Em 1985, Renzo adquiriu as ações de seu sócio, tornando-se o único proprietário da marca. Sob seu comando, começava a arrancada mundial que nos anos 1990 alcançaria níveis de ousadia e impacto surpreendentes.

For successful living

O Grand Prix de filmes do Festival de Cannes em 1997 foi concedido a dois filmes bem diferentes entre si, mas considerados como campanha por seu conteúdo transgressor e por sustentarem a mesma assinatura: *For successful living*.

STORYTELLING

Um deles, chamado *Little Rock*, mostrava dois personagens absolutamente antagônicos momentos antes de um duelo. De um lado, o típico cowboy do bem, jovem bonito, saudável, que se despede da linda namorada e sai elegantemente vestido, esbanjando simpatia. Do outro, um repulsivo vilão, que acorda ao lado de uma mulher horrorosa no quarto que fica em cima de um saloon, cospe no chão, desce as escadas puxando de uma perna, rouba o pirulito de uma criança, chuta um pobre cachorro que descansa na calçada e se posiciona na rua, para enfrentar o oponente que conta com a torcida de todos. Prontos para o grande embate, o vilão saca mais rápido, mata o mocinho com um tiro certeiro, tira uma meleca do nariz e ri de forma animalesca, exibindo seus dentes estragados.

O outro filme igualmente premiado, *5 A.M. Mono Village*, acontece em cenário alpino, onde, em um acampamento de adultos vestidos como escoteiros, o toque de despertar encontra todo o grupo muito bem-disposto. Executados exercícios de aquecimento rápidos e dançantes, o instrutor musculoso apresenta à turma o tema do dia: respiração boca a boca. Um dos participantes, que não deixa dúvidas sobre sua superioridade física e intelectual em relação aos demais, adianta-se. Ao mesmo tempo, por trás do chart que apresenta o tema da instrução, vemos chegando a pessoa que fará o exercício de boca a boca com o galã da turma. É um homem bem mais velho, com cavanhaque que faz lembrar um bode e aparência repugnante. Ele se deita na grama e, quando o rapaz bonitão se aproxima, abre a boca, revelando dentes horríveis. Apesar disso, o exercício acontece normalmente. Quando os lábios dos dois homens se tocam, o rapaz de boa aparência imagina estar beijando uma bela moça e, ambos vestidos de branco, vivem cena cheia de romantismo. Encerrado o treinamento, quando pensamos que o artifício imaginativo usado pelo rapaz apenas o protegia da aversão provocada pelo companheiro, vemos que os dois homens saem cavalgando romanticamente pela paisagem serrana. O feio, com cavanhaque de bode, sorri para a câmera, esbanjando felicidade com a conquista de seu par gay.

Ter essas duas histórias com desfechos que, a princípio, nenhuma marca gostaria de ver associados à sua imagem, e arrematados com *For successful living*, era algo revolucionário.

A revolução começou em 1991, quando a Diesel lançou o tema e passou a mostrar personagens como o indiano barrigudo, vestido como uma espécie de Elvis brega, anunciando o Super Denim Jeans com texto e imagens de canastrice explícita. Ali se estabelecia o padrão Diesel de adotar a contramão como direção oficial. E essa contramão foi se aprofundando em uma estética kitsch, repleta de clichês publicitários dos anos 1950/1960, que atacava o politicamente correto com doses crescentes de ironia e cinismo.

Para exemplificar com mais clareza o jeito Diesel de ser, um de seus comerciais mostrava um diretor de filmes pornô, muito exigente com a performance de atores e dubladores. Saindo pela loja usada como fachada após o expediente, o personagem se revelava um pai de família todo arrumadinho, cujo carro exibia o adesivo "família, amor, moralidade".

As imagens que sustentavam o *For successful living* eram sempre extravagantes, loucas, e subvertiam o maior número possível de regras. David Lachapelle, com seu estilo fotográfico surreal, por exemplo, foi um dos parceiros Diesel na realização dos trabalhos de mídia impressa.

Aturdido pelo inesperado, pouco a pouco, o público começou a perceber que estava diante do mais provocativo protesto contra o lugar-comum dos últimos tempos. Mesmo para um júri formado por profissionais de criação, como o do Festival de Cannes, foram necessários alguns anos de absorção da ideia até que ela atingisse a consagração do Grand Prix.

Italiana, como a Benetton, a Diesel comungava dos mesmos princípios polemizadores da concorrente, só que fazia uso deles de forma bem mais estruturada, produtiva, inovadora e inteligente. Teve a coragem de escolher caminhos perigosos, mas, ao que tudo indica, sempre soube aonde queria chegar, tanto em comunicação quanto em estratégia de negócios.

Foi pautada por esse mapa de ousadia que, em 1996, a marca desembarcou no mercado americano, instalando sua primeira loja em Nova York bem em frente da maior loja da Levi's na cidade. Mais provocador, impossível.

E a provocação virou filosofia

Mantido o *Successful living* como tema perene da marca, faltava dar a seus admiradores um guia existencial. Foi quando surgiu *Be stupid*.

Em 2010, com textos de alta voltagem, a Diesel começou a pregar os benefícios de se agir estupidamente.

Um de seus vídeos dizia:

Como balões, somos cheios de esperanças e sonhos.
Mas ao longo do tempo uma única frase se insinua em nossas vidas...
"Não seja estúpido."
É a esmagadora da possibilidade, o maior esvaziador do mundo.
O mundo está cheio de pessoas espertas. Fazendo todo tipo de coisas espertas. Isso é esperto.
Bem, nós estamos com os estúpidos.
Estúpido é buscar sem tréguas uma vida livre de lamentação.
Espertos podem ter os cérebros. Mas estúpidos têm os colhões.
Espertos reconhecem as coisas como elas são.
Estúpidos veem as coisas como elas poderiam ser.
Espertos criticam.
Estúpidos criam.
O fato é que, se nós não tivéssemos pensamentos estúpidos, nós não teríamos nenhum pensamento interessante.
Espertos podem ter planos.
Mas estúpidos têm as histórias.
Espertos podem ter a autoridade.
Mas estúpidos têm uma ressaca daquelas.
Não é esperto correr riscos. É estúpido.
Ser estúpido é ser corajoso.
Estúpidos não têm medo de fracassar.
Estúpidos sabem que há coisas piores que o fracasso, como nem tentar.
O esperto teve uma boa ideia. E aquela ideia era estúpida.
Você não pode ser mais esperto que os estúpidos. Então nem tente.

STORYTELLING

Lembre-se:
Só os estúpidos podem ser verdadeiramente brilhantes.
Então, seja estúpido.

Repare o trecho "Espertos podem ter planos. Mas estúpidos têm as histórias". Ali está evidenciado o quanto a marca valoriza o fator narrativo. Agora junte os enredos inusitados, às vezes ultrajantes, que sustentam o *Successful living*, e veja como desde o primeiro momento a Diesel estava praticando o *Be stupid*. Percebeu? Tudo faz sentido nesse aparente nonsense. Uma trajetória definida ainda antes do famoso slogan dos anos 1990, quando a Diesel em suas mensagens iniciais ao público assinava *Only the brave*. Embora não mais usada em propaganda, *Only the brave* passou a ser o nome da holding company fundada por Rosso para abrigar sua crescente rede de negócios. Ele parece fazer questão de frisar que a coragem de transgredir sempre foi o maior propulsor da marca.
Graças a esse espírito, grifes do design como Moroso, Foscarini e Zucchi colocaram seu talento e reputação ao lado da Diesel para criar peças exclusivas de mobília e decoração. A transposição do estilo consagrado em vestuário para o universo dos móveis, que tinha tudo para ser um desastre, aconteceu com surpreendente naturalidade. A mesma naturalidade com que a Diesel, em seu website, nos convida a fazer um teste para descobrir quantos dias nos restam de vida. E no teste nos pede para responder, entre outras questões, se bebemos, usamos drogas, dirigimos, fumamos, quantos parceiros sexuais tivemos até hoje, quantas horas dedicamos ao sono, se acreditamos em vida após a morte e se somos mentirosos. Ao fim

DIESEL.

do teste, a partir de uma fórmula secreta, vemos o número de dias que nos restam e somos instigados a divulgar o resultado nas redes sociais, convidando nossos amigos a participar, de modo que possamos saber quais deles viverão mais ou menos do que nós. Muito louco, não? Mas andar no limite, brincar com tudo, inclusive com a morte, e provocar reflexões sobre o melhor aproveitamento do tempo que temos de vida são ingredientes constantes da história dessa marca. Chocar e divertir, sem nunca perder a essência de sofisticação debochada, essa é a fórmula que faz da Diesel uma autêntica grife lifestyle.

Assista aqui aos vídeos que ilustram este capítulo:

Capítulo 22

VEÍCULOS.

Por onde têm andado?

Assim como as histórias, veículos nos transportam a lugares imaginários. Além do vaivém por ruas e estradas, dentro de um carro ou em cima de uma moto, estamos sempre lidando com projeções interiores e exteriores. A doce voz da francesinha nos dizendo que Citroën é "creative technologie" nos leva ao charme de Paris, aos caminhos estreitos da Côte d'Azur, a toda uma ambientação de elegância associada ao jeito de ser francês. Seria totalmente inadequado usar a mesma locutora em um comercial do Jeep da Chrysler, por exemplo, modelo que se tornou sinônimo de categoria por nos transportar consistentemente a montanhas, trilhas, lugares selvagens e inexplorados, mesmo que só o tenhamos encontrado ao vivo em situações urbanas, deslizando por vias asfaltadas. Algo parecido com o que ocorre com o Land Rover, nascido com a missão de atuar em roteiros de aventura. Bem diferente dos enredos de segurança e proteção familiar estrelados pelo Volvo. Está claro? Então corta! Um manobrista de restaurante sofisticado devolve-lhe a chave do seu Aston Martin. Você se acomoda no banco do motorista e imediatamente assume ares de James Bond. Mas se o carro for uma Ferrari, é quase impossível deixar de se imaginar, nem que seja por uma fração de segundo, no grid de largada da Fórmula 1.

Veículos, como não poderia deixar de ser, constituem segmento essencialmente dinâmico. Mexem ao mesmo tempo com questões locais e planetárias que os ambientalistas e os grandes congestionamentos de trânsito não nos deixam esquecer. Trata-se, por isso, de uma categoria altamente vulnerável a decisões políticas e peculiaridades históricas, o que nos recomenda conduzir a maior parte deste capítulo com o olhar focado no contexto brasileiro.

Ford e General Motors

O primeiro automóvel a circular no Brasil pertenceu a um grande nome nacional, alguém destinado a voar. Alberto Santos Dumont, futuro Pai da Aviação, foi quem o trouxe da França. O carro, um Peugeot. O ano, 1891.

Importar era a única possibilidade para quem desejasse desfrutar as vantagens do produto que melhor simbolizava os avanços da era industrial. Até que ninguém menos que Henry Ford, o homem do fordismo, criador das linhas de montagem e da montadora que leva o seu nome até hoje, decidiu em 1919 trazer a Ford Motor Company para o Brasil.

Em 1925, chegou a General Motors, rapidamente introduzindo os Chevrolets nas ruas brasileiras. Fords e Chevrolets eram os donos do pedaço, reproduzindo aqui a crescente dominância global do seu país de origem. A relevância da presença dessas duas empresas em solo tupiniquim se reflete no

VEÍCULOS.

salto da frota de veículos entre 1920 e 1939 no Estado de São Paulo, onde ambas se instalaram: de 5.600 para 43.650 automóveis, de 222 para 25.860 caminhões.

Tudo avançava bem, com as montadoras americanas trazendo as peças de fora para aqui montar seus produtos, até que a Segunda Guerra Mundial atrapalhou o fluxo, e o presidente Getúlio Vargas decidiu proibir a importação de veículos e dificultar a de peças. O setor automobilístico sentiu o golpe, os carros em circulação no Brasil foram se tornando obsoletos e alargou-se a distância entre nós e os países desenvolvidos.

Só em 1956, por iniciativa do então presidente Juscelino Kubitschek, aconteceu o esperado empurrão na indústria automotiva nacional. Foi criado o Grupo Executivo da Indústria Automobilística (Geia), e inaugurada a primeira fábrica de caminhões Mercedes-Benz no ABC paulista. Três anos depois, outra empresa alemã, a Volkswagen, instalava-se em um pequeno galpão em São Paulo, com apenas 12 funcionários. O parque industrial brasileiro foi crescendo, os carros nacionais de marcas internacionais tiveram grande aceitação, e a importação de veículos era reservada aos muitos ricos, tão cara que podia ser considerada extravagância, pura ostentação. Satisfeitas as necessidades do mercado local, não era preciso maior empenho, e novamente os carros nacionais encontraram uma razão para não acompanhar a evolução mundial.

O ufanismo seguiu forte até a ditadura de 1964, que o reforçou com a empáfia do "país que vai pra frente". Passaram-se os vinte anos de regime militar, recuperamos a democracia, mas o protecionismo e o isolamento do mercado brasileiro continuavam intocados. Até que, no início dos anos 1990, o presidente

STORYTELLING

Fernando Collor comparou nossos automóveis a carroças. Facilitada a importação, aumentaram as opções, cresceu a competição entre as marcas, subiu o nível de exigência do público, e o Brasil finalmente entrou em sintonia com o resto do mundo.

Em termos factuais, esse é o resumo da história. Mas o relacionamento entre uma pessoa e seu carro vai muito além dos fatos e da utilização como meio de transporte.

Quando a imagem da estrada nos é colocada como metáfora para a vida e para o storytelling, é inevitável pensar em veículos. Desde os carrinhos com que se divertem os meninos até os carrões com que se deslumbram os marmanjos, eles participam intensamente do universo masculino. E não nos esqueçamos das motos, evolução da primeira bicicleta que a gente nunca esquece. Por mais dispendiosos e refinados que se tornem, os veículos jamais deixam de ter seu lado brinquedo, jamais se desassociam de emoção, sensualidade, status e poder. Masculinos de origem, os automóveis têm sido muito competentes em atrair as mulheres para sua zona de influência, até porque emoção, sensualidade, status e poder tornaram-se constantes também no dia a dia feminino. Carros nos abraçam, abrigam, protegem, nos vestem. São tecnologia, potência e moda. Significam um pedaço de nossa personalidade a nos conduzir por diferentes cenários e experiências.

Na disputa por consumidores de ambos os sexos, de diferentes faixas etárias e classes sociais, muitas histórias têm sido contadas.

VEÍCULOS.

O capítulo inicial é o do encantamento com os americanos, liderado pelos pioneiros Ford e GM. Mesmo depois da vinda de fortes concorrentes, o mais cultuado modelo esportivo da Ford foi tema de um hit musical, composto pelos irmãos Marcos e Paulo Sérgio Valle, que deu nome ao disco de Marcos lançado em 1969: "Mustang cor de sangue". A música contempla, além do ícone que lhe dá título, um outro modelo da mesma montadora, de preço bem mais acessível e também muito desejado. Tratando da questão social e industrial, ela empresta ao Mustang os dotes sedutores femininos ao dizer:

No farol vejo o seu olhar
Minha mão toca a direção
No painel eu vejo o seu amor
E o meu corpo invade o interior.

E, logo após essa declaração apaixonada, surge um momento de infidelidade, com a entrada em cena do outro modelo da Ford:

A questão social, industrial
Não permite que eu seja fiel
Na vitrine um Corcel cor de mel.

Pela GM, o modelo mais recorrente na mitologia automobilística veio do luxo: o Cadillac. A ele Roberto Carlos se refere no início e no fim da música "O calhambeque". Quem viveu a Jovem Guarda não esquece do "Mandei meu Cadillac pro mecânico outro dia". De tanto simbolizar a categoria dos carrões, o modelo chegou a ter seu nome usado para valorizar as curvas da famosa chacrete Rita Cadillac. O entrelaçamento dos automóveis com a cultura não perde nenhuma oportunidade de se manifestar.

Brindando o mercado brasileiro por um extenso período com momentos de alta inspiração, como o famoso jingle de Zé Rodrix nos anos 1980 (É no silêncio de um Chevrolet que o meu coração bate mais alto...), tanto a Ford quanto a GM tiveram suas trajetórias atingidas por fatores de mercado e narrativas talvez mais instigantes de concorrentes europeus, notadamente um alemão e outro italiano.

A partir da era Collor, vieram os japoneses, ingleses, franceses, coreanos, suecos... O mercado se fragmentou, ficou mais complicado e competitivo. Mas as boas histórias cumpriram brilhantemente o papel de manter os protagonistas em evidência.

Volkswagen

Todo publicitário venera o anúncio criado pela DDB nos Estados Unidos para o fusca. Contrariando a grandiloquência dos carrões americanos, em 1959 (mesmo ano em que a montadora chegou ao Brasil) ele teve a coragem de recomendar: *Think Small*. Com maior ou menor intensidade, a Volkswagen sempre apelou para o pensar. Sua história tem viés predominantemente racional e se fundamenta na confiança. O famoso slogan *Você conhece, você confia* e a antológica campanha inglesa *Se tudo na vida fosse tão confiável como um Volkswagen* não deixam dúvidas a respeito desse foco. Algo tão forte que levou

VEÍCULOS.

a marca a se assumir como *Das Auto*, assinando suas mensagens mais recentes em alemão, na plena convicção de que já é percebida com suficiente consistência para se afirmar como *O carro*, ainda que em um idioma tão distante dos brasileiros. Claro que há um segundo fio condutor nisso: a reputação germânica de excelência e rigor tecnológico, especialmente no campo automobilístico. Ou seja, uma história (da Volkswagen) confirmada e apoiada por outra (da Alemanha).

Mas o que salta aos olhos nesse cenário de racionalidade é a maneira inteligente e criativa como ele é explorado. Não é sempre que marcas tradicionais e baseadas na confiabilidade se atrevem, por exemplo, a reapresentar ao público uma famosa sequência de *Forrest Gump*, nela inserindo um de seus produtos. Também não é comum que empresas desse perfil nos contem histórias como a de um cachorro-peixe, para ilustrar que em um determinado modelo de carro cabe tudo o que se possa imaginar.

Foi a Volks que nos deu a Kombi, modelo que criou uma categoria à parte entre os utilitários. Também da Volks veio a Brasília, espécie de fusca tamanho família, batizada em homenagem à capital brasileira, para não deixar dúvidas de que o Brasil é importante para a empresa, e cantada na cor amarela pela banda de rock humorístico Mamonas Assassinas. Tivemos o Santana, com seu ar executivo, o nobre Passat, e tantos outros com longo tempo de estrada e muita história para contar.

Voltando ao fusca, que outro modelo conseguiu algo tão radical como virar protagonista de um longa-metragem? O Herbie, de *Se meu fusca falasse*, produzido pela Disney em 1968, continua imbatível como caso mundial de *branded content*.

Criando seus próprios enredos ou acoplando-se às histórias que circulam ao redor, a Volkswagen consegue aliar tradição e inovação, em uma química muito particular que privilegia o cérebro, mas não deixa de falar ao coração. Só assim foi possível ao fusca passar tantos anos como o primeiro carro da grande maioria dos motoristas — o carro da iniciação, para retornar na forma do New Beetle, repaginado, cool e com o preço nas alturas. Só assim foi possível emplacar no ano de 1980 outro modelo popular em substituição ao fusca: o Gol, cujo formato mais flexível possibilita variações de sofisticação e preço na medida certa para um carro que se baseia em praticidade e resistência. E que, a exemplo de seu antecessor, registra notável longevidade e performance de vendas. Gol, assim mesmo, aportuguesado. Aparentemente inspirado no Golf europeu, mas sem cair na tentação do "Goal", que o afastaria da posição conquistada como legítimo craque nacional em popularidade. Simplesmente o modelo mais vendido do Brasil desde 1987 até 2013.

Fiat

Fábrica **I**taliana de **A**utomóveis de **T**orino, daí vem o nome Fiat. Nada do verbo consagrado em latim pela frase *Fiat lux* (faça-se a luz), apenas um acrônimo. Mas soa bem. Maior grupo industrial da Itália, a Fiat tem fábricas em sessenta países, figurando entre as grandes empresas automobilísticas do mundo. Seu maior mercado naturalmente é a Itália. O segundo maior, Brasil.

A história da Fiat em nosso país é relativamente recente. Chegou em 1976, quando os grandes players já estavam soli-

VEÍCULOS.

damente estabelecidos, mas mostrando desde o primeiro momento sua disposição de abalar os alicerces do mercado brasileiro.

Montou uma bela fábrica em Betim, Minas Gerais, fugindo à concentração da concorrência em São Paulo, e partiu acelerada em busca do consumidor de carros econômicos, àquela altura conquistado pela Volkswagen.

Coerente com suas origens, antepôs ao tradicionalismo cerebral da concorrente alemã a vocação para o design e o espírito apaixonado dos italianos. O clássico duelo emoção × razão.

Seu modelo de estreia, o Fiat 147, proclamava: "Enfim, um carrão pequeno." Tinha o fator novidade a seu favor, visual atraente, sistema avançado de frenagem, e bebia pouco. Por outro lado, a aparência frágil e alguns problemas verificados nos primeiros produtos entregues abriram a brecha para que a marca recém-chegada tivesse seu acrônimo original impiedosamente substituído no boca a boca por "Fui Iludido Assim Também".

Piada espontânea ou provocada pelos concorrentes? Difícil saber. O fato é que foi contada, multiplicou-se e inseriu-se na narrativa da marca, criando-lhe um duro obstáculo inaugural. O que fazer? Corrigir eventuais problemas e investir firme no jeito de ser brasileiro, nas coincidências de personalidade que nos aproximam dos italianos, na beleza, na leveza, nas cores e na condição que lhe foi imposta pela ordem natural de chegada ao nosso mercado: a juventude. Deu certo.

Em 1990, os modelos Uno fabricados no Brasil ganhavam nossas ruas e eram exportados para vários países, inclusive a própria Itália. Com a Copa do Mundo sendo disputada em solo italiano e o técnico da seleção canarinho ostentando o sobrenome Lazaroni, os telespectadores brasileiros foram surpreendidos com um comercial de TV, rodado em Torino, que mostrava nosso técnico sendo parado por um guarda de trânsito enquanto dirigia lá um Fiat Uno fabricado aqui. O diálogo entre Sebastião Lazaroni e o incrédulo guarda italiano é uma pérola de humor. Primeiro, o guarda não acredita que nosso time seja dirigido por um descendente de italianos, nem que um brasileiro tão importante esteja cometendo infrações de trânsito na Itália. Depois, ele se choca quando o motorista infrator diz que o Uno que está dirigindo foi fabricado no Brasil. Julgando tratar-se de um louco ou, na melhor das hipóteses, um mentiroso gozador, o guarda retribui apresentando-se como o Papa. Futebol e humor não poderiam ser mais bem aproveitados naquele momento e com aquela mensagem. E ali estava o trilho narrativo da Fiat. Não exatamente o futebol, mas o que lhe é subjacente em nossa cultura: a paixão.

"Movidos pela paixão" é a frase que distingue a Fiat. É o que transparece em todos os seus esforços de comunicação, desde o personagem de pelúcia Gino Passione, que representa sua assistência técnica, até campanhas como "Vem pra rua", que, feita para embalar a festa da torcida verde-amarela na Copa das Confederações em 2013, acabou agradando de tal forma que se tornou tema dos protestos políticos que agitaram o país durante aquela competição. "Movidos pela paixão" é o que reconhecem os brasileiros ao premiarem a Fiat com mais de uma década de liderança em vendas, desde 2002. Do Palio do dia a dia ao icônico Cinquecento importado, passando por outros modelos como o Idea, que, além de sinalizar um compromisso com a criatividade, teve a bênção de ser escolhido pelo Papa Francisco para se locomover em sua primeira visita ao Brasil, a Fiat evidencia o quanto a emoção é relevante mesmo nas decisões de compra que requerem maior desembolso e o quanto a paixão pode se tornar elemento fundamental de diferenciação.

BMW, Mercedes e outros luxos

> *Oh Lord, won't you buy me a Mercedes-Benz?*
> *My friends all drive Porsches, I must make amends*
> *Worked hard all my lifetime, no help from my friends*
> *So Lord, won't you buy me a Mercedes-Benz?*
>
> Michael McClure

Ser considerado "de luxo" pode custar mais caro a uma marca do que ela desejaria. Costumamos chamar assim carros que aparentam pertencer a uma estirpe nobre, antes inatingível, hoje nem tanto, amanhã ninguém sabe.

Rolls-Royce, Bentley, Aston Martin e Ferrari, pela raridade com que são vistos e pelos preços estratosféricos, claramente integram a cúpula dessa nobreza idolatrada. Jaguar e Porsche caminham muito perto da superelite. Outros, como BMW, Mercedes e Audi, já se diversificaram o suficiente para alargar o conceito do luxo. Basta andar pela rua e perceber que as três marcas alemãs têm sido competentes em equilibrar prestígio com popularidade, e há muito abriram mão de deixar boquiabertos quem as vê passar. Mercedes-Benz, a mais tradicional, com fama suficiente para se tornar título do grande sucesso póstumo de Janis Joplin em 1971, cantando letra do poeta beatnik Michael McClure; Audi, a caçula, com boa pegada de produto, mas pouca história para contar; e BMW, que merece destaque especial por uma das mais ousadas manobras em storytelling realizadas até hoje.

Em 2001 e 2002, uma série de oito curtas-metragens surgiu na internet. Chamava-se *The Hire* e foi dirigida por talentos do porte de Ang Lee, John Frankenheimer, John Woo, Guy Ritchie, Tony Scott, Alejandro González Iñárritu, Wong Kar-wai e Joe Carnahan. Na produção, entre muitos outros, Ridley Scott e David Fincher. No elenco: Clive Owen, Madonna, Forest Whitaker, Mickey Rourke, F. Murray Abraham, Gary Oldman, James Brown, Marilyn Manson e Don Cheadle, só para citar alguns. O nome pelo qual o projeto ficou conhecido revela a marca por trás desse megaempreendimento: BMW Films. O impacto foi estonteante. Nenhuma das histórias era sobre a BMW, mas em todas elas os carros da montadora entravam em ação, mostrando estilo, performance e features de forma ultracontextualizada. A elevada qualidade dos profissionais envolvidos, a partir dos roteiristas, todos carimbados em Hollywood, só podia resultar no que resultou: filmes de altíssimo nível. E o que mais gerou perplexidade foi ver esse requinte cinematográfico acontecendo na internet. A agência Fallon, de Minneapolis, EUA, foi a responsável pela ideia. O trabalho levou fácil o Grand Prix no Festival de Publicidade de Cannes em 2002. Mas não era o bastante, estávamos diante de algo maior que publicidade. No ano seguinte, Cannes criou um prêmio diferenciado, o Leão de Titânio, que se sobreporia aos leões de ouro, prata e bronze e aos Grand Prix. Nesse andar de

VEÍCULOS.

cima da cadeia de consagração entrariam os futuros inscritos que, como *The Hire*, fizessem a indústria parar e reconsiderar o caminho a seguir. Instituído o novo prêmio, que passou a ser entregue anualmente desde então, nenhum outro caso conseguiu repetir o extraordinário impacto dos BMW Films.

Sobre duas rodas, um fenômeno

"I need your clothes, your boots and your mote-ah-cycle." Depois de dizer esse texto a um motoqueiro que mal acredita no brutamontes que está lhe tomando tudo sem a menor consideração, o personagem de Arnold Schwarzenegger em *O exterminador do futuro* parte a caráter com sua moto em perseguições implacáveis para cumprir a missão de inviabilizar o futuro da humanidade. Adivinha a moto que ele usa.

Não poderia ser outra. A Harley-Davidson destaca-se de forma tão aguda de suas concorrentes porque se atreve a explorar o que a maioria das marcas se recusa sequer a considerar: o lado sombrio do consumidor. Em vez dos comportados caminhos de segurança, status, sucesso, ela busca o anti-herói ou mesmo o vilão que vive em nós. Quem compra Harley não leva para casa uma motocicleta, leva rebeldia. Adquire uma fatia de juventude idealizada, muitas vezes deixada para trás há muitos anos. Ou, como prega o autor Laurence Vincent, "ganha como recompensa uma narrativa que não pode construir".

O produto é poderoso? Sem dúvida. Mas seu maior poder advém da capacidade de despertar o fora da lei que habita nos executivos engravatados, loucos para provar ao mundo sua capacidade de intimidar os caretas do trânsito, semeando admiração, respeito e inveja pelas estradas.

Como já vimos acontecer com outras marcas rompedoras, a Harley-Davidson também nasceu por iniciativa de dois jovens: William Harley e Arthur Davidson. Com vinte e poucos anos, em 1903, os rapazes pintaram na pequena garagem em Milwalkee, onde começavam a instalar motores em quadros de bicicleta, o superdimensionado nome Harley-Davidson Motor Company. Sua primeira motocicleta, batizada como Silent Gray Fellow, com motor de 6,5 cavalos, só surgiria em 1904.

Eram abusados os meninos, falavam grosso, no mesmo tom do ronco dos motores que fabricariam mais tarde. E, sem ter a exata noção do que faziam ao assumir aquela presunçosa inscrição na parede, profetizavam.

Em 1907, com o produto bem mais elaborado, a marca ganhou alguma notoriedade. Walter Davidson, parceiro recém-integrado ao empreendimento, decidiu se envolver em competições motociclísticas e, montado em uma HD, sagrou-se campeão em importante corrida. Nada melhor para divulgar os predicados de sua moto. Naquele mesmo ano, as Harley-Davidsons começaram a ser usadas pela polícia americana.

Outras competições e outros pilotos vieram. Em 1915, Leise Pakhurst conquista um difícil troféu no Alabama, e Floyd Climer bate o recorde mundial de tempo na *dirt track*, em uma empolgante disputa realizada em Dodge City. Apesar de não pretender construir sua imagem sobre feitos esportivos, as vitórias acumuladas pela Harley davam-lhe reputação de solidez e poder.

Mas a boa linha evolutiva traçada até ali não permitia entrever o quanto ainda estava por vir. Decerto os atrevidos garotos

VEÍCULOS.

da humilde garagem nunca imaginaram que, no número 400 W da Canal Street, na cidade onde se estabeleceram, funcionaria hoje o Harley-Davidson Museum. Nem que uma simples busca na Amazon Books em 2013 revelaria estarem disponíveis para venda nada menos que 119 livros sobre a marca. O que teria acontecido para justificar tudo isso?

Bem, depois da escolha pela polícia, vieram as forças armadas. Seus produtos atuaram ao lado dos militares americanos nas duas guerras mundiais, atraindo uma aura de bravura. E foi graças à Divisão 303 de bombardeiros, na Segunda Guerra, que a grande alavancagem aconteceu. Tomando emprestado o título de um filme produzido em 1930, os integrantes da tal divisão militar ficaram conhecidos mundialmente como os Hell's Angels. Ao retornarem vitoriosos para casa, desfilando em bandos sobre suas possantes máquinas, tiveram a grife guerreira adotada pelos motoqueiros mais marrentos e exibidos da América. Foi a paixão desses caras pela Harley que acabou produzindo um fenômeno incontrolável.

Com base na atitude destemida e brigona dos heterodoxos formadores de opinião, os novos usuários da Harley, independentemente de serem comportados ou não, assumiram um estilo próprio de se vestir que perdura até hoje, e adoram ostentar a marca, como fiéis integrantes de uma seita.

Difícil saber o que foi planejado e o que aconteceu por acaso. O fato é que, sem jamais ter feito menção aos Hell's Angels, a Harley-Davidson teve sua imagem definitivamente ligada à deles, tornando-se, pelo hábil desenvolvimento de uma narrativa outsider, a mais lendária marca de motocicletas do planeta.

STORYTELLING

Assista aqui aos vídeos que ilustram este capítulo:

Capítulo 23

QUANDO O PRODUTO É A HISTÓRIA

―――

Um homem corre na floresta fugindo de um grupo fortemente armado. As árvores o ajudam a escapar dos muitos tiros disparados. Não há dúvidas de que pretendem matá-lo. Ele escorrega por um declive e aproveita o fato de ter escapado do campo visual de seus perseguidores para subir em uma árvore frondosa. Parece ter funcionado. As vozes vão se distanciando enquanto o fugitivo, exausto, pega no sono.

O som de uma motosserra o desperta. A árvore onde se abrigou está sendo cortada. Abraçado ao tronco, ele desaba. Mas, em vez de encontrar o chão, cai nas águas de um rio que o arrastam junto à árvore flutuante, outra vez sob chuva de balas vindas da margem. O desfecho da perseguição está logo à frente: uma cachoeira alta, por onde personagem e tronco despencam em um mergulho aparentemente fatal.

Vamos reencontrá-lo recuperando os sentidos em uma serraria, agora só de cueca e t-shirt. A esteira o conduz em direção à serra elétrica. Ele se levanta sobressaltado e desloca-se na direção oposta à da serra, sendo atingido por um mecanismo que o empurra para a carroceria de um caminhão carregado de tábuas. Desmaiando novamente, ele acorda sem camisa, só lhe restou a cueca. Está em uma linha de montagem, deitado na estrutura em formação de uma caixa de madeira com forma ainda indefinida. As peças de fechamento da caixa são adicionadas automaticamente, deixando-o preso lá dentro.

Só aí começamos a ouvir uma explicação: "Então eles me colocaram em um caminhão, e foi assim que eu cheguei aqui."

Nosso personagem está de cueca dentro do armário de um quarto de casal, explicando-se ao marido da mulher que está deitada na cama em trajes íntimos.

O marido reflete por algum tempo, balançando a cabeça antes de se manifestar: "É incrível!" Volta-se para a mulher, perguntando-lhe: "Você ouviu isso, querida?" Ao que ela, segurando firme o lençol que lhe cobre os seios, responde: "Sim, é surpreendente!"

A câmera fecha no protagonista ao som de um acorde vitorioso. Um letreiro o identifica: *Lucas G. Roteirista do Canal +*. Encerrada a ação, a imagem vai para fundo preto, onde se sobrepõe a mensagem final: *Nunca subestime o poder de uma grande história*.

O divertido comercial do Canal Plus francês exemplifica bem a tomada de consciência do valor do storytelling na primeira década do século XXI pelos veículos de comunicação.

Um pequeno intervalo de tempo separa esta ação de um movimento mais robusto e articulado da HBO.

There are stories. And there are HBO stories foi o tema lançado em 2008 pelo canal especializado em dramaturgia. Esmerando-se há bastante tempo na produção de conteúdo exclusivo, a HBO corajosamente assume a capacidade de criar e contar histórias como o aspecto fundamental a diferenciá-la dos concorrentes.

Uma cena: Homem senta-se em mesa de lanchonete. Garçonete se aproxima. Ele pede ovos com bacon, torradas e café.

A mesma cena se repete em todos os detalhes. Exceto pelo acréscimo da voz em off do homem, revelando-nos que, após muitos anos buscando a filha, ele a encontra trabalhando como garçonete. E tudo o que consegue dizer à moça, que nem imagina estar diante de seu pai, se resume a um pedido de ovos com bacon, torradas e café. Este é um dos comerciais da campanha da HBO, com a mesma estrutura mantida em todos os outros filmes, desafiando a imaginação e a sensibilidade do espectador: sempre uma cena corriqueira que, quando repetida, nos traz alguma revelação que muda radicalmente o teor emocional da cena. Criada pela BBDO New York, a campanha teve todos os filmes dirigidos pelo consagrado Sam Mendes.

No ano anterior, o Projeto Voyeur havia preparado o terreno para que se fincasse a bandeira do storytelling.

Verão em Nova York. Um edifício na esquina das ruas Broome e Ludlow recebe projeção sobre uma de suas paredes laterais. O efeito visual equivale ao de um super-raio-X invadindo oito de seus apartamentos, distribuídos por quatro andares. Histórias acontecendo ao mesmo tempo naquelas unidades residenciais exibem aos passantes situações e conflitos diversos que envolvem romance, casamento, traição, violência e assassinato. Embora aparentemente isoladas, as tramas são habilmente interligadas.

STORYTELLING

Uma espetacular degustação. Convida curiosos para a internet, onde as histórias são desenvolvidas. Mas antes da projeção várias iscas haviam sido colocadas na própria internet e em outros meios, teasers pulverizados, estimulando-nos a mergulhar na misteriosa minissérie. Uma das peças principais desse pacote de comunicação é o folheto impresso para Watchers. Nele temos o título de cada história e uma frase indicadora do conteúdo que nos aguarda:

1A — **The Tempted** *(O tentado). Uma jovem família tem dificuldades com o compromisso.*

1B — **The Departure** *(A partida). Um casal idoso, amigo por toda a vida, aprende o que significa dizer adeus.*

2A — **The Discovery** *(A descoberta). Enquanto reforma seu apartamento, um casal adorável descobre que seu vizinho de cima tem um segredo.*

2B — **The Proposal** *(A proposta). Em um jantar fino, o anfitrião faz um espetáculo para pedir em casamento sua namorada monumental. A reação dela surpreende a todos, menos a um dos convidados.*

3A — **The Killer Within** *(A matadora dentro). Uma solteirona solitária acaricia seu amante. Ou sua vítima? Ou as duas coisas?*

3B — **The Grown-up Table** *(A mesa crescida). Um grupo de vinte e poucos anos, durante uma festa de strip poker, se vê cara a cara com a consequência de seus desejos quando ela chega batendo à porta.*

4A — **The Delivery** *(A entrega). Um jovem casal grávido sai apressado para o parto, mas é bloqueado por uma entrega — seu sofá.*

4B — **The Temptress** *(A tentadora). Vide apartamento 1A.*

QUANDO O PRODUTO É A HISTÓRIA

Complexo a ponto de confundir o público, e audacioso a ponto de nos tornar quase tão envolvidos quanto o protagonista de *Janela indiscreta*, de Hitchcock. Um emaranhado de ações, com slogan supercerteiro: *Veja o que as pessoas fazem quando elas pensam que ninguém está olhando.*

Para os que quisessem ir mais fundo havia o blog thestorygetsdeeper.com, onde vídeos, screensavers e seis trilhas sonoras customizadas ficavam disponíveis, e comentários eram bem-vindos.

Diálogo com o público fora do seu habitat natural, adoção de moldura Big Brother, abraçar uma teia inovadora de narrativas, tudo para se destacar e se manter fiel ao tema central da marca: "It's not TV. It's HBO." Sem dúvida alguma, ser único requer um esforço gigantesco, especialmente quando se vive no mundo das histórias.

De nada adiantaria usar um tema poderoso se ele não tivesse amparo nos fatos. Nascida como representante do cinema na TV (HBO são as iniciais de Home Box Office), a emissora carrega a bandeira da ousadia desde seus primeiros passos. Quando disponibilizar com rapidez grandes trabalhos de Hollywood deixou de ser um diferencial significativo, ela passou a produzir dramaturgia para a TV com o alto padrão antes só encontrado nas telas de cinema. Desde os roteiros até a execução, os assinantes da HBO foram surpreendidos com trabalhos que desrespeitavam as regras televisivas dos enredos pautados pelas expectativas açucaradas dos patrocinadores. Daí vieram os protagonistas vilões, as situações que nem sempre acabam bem, os heróis que morrem quando menos esperamos, as surpresas, um novo estímulo para voltarmos a ver televisão. A pergunta deixou de ser "Como o personagem vai sair dessa?", tornando-se um inquietante "Será que ele vai sair dessa?". Assim, tendo como grande marco a *Família Soprano* (1999), prenunciado por *Oz* (1997) e *Sex and the City* (1998), vimos nascer na virada do milênio a nova (segunda para alguns, terceira para outros) Era de Ouro da TV. As séries da HBO foram as responsáveis por essa revolução, que trouxe temas antes proibidos para a TV e motivou outras emissoras a entrar no jogo. Sem a iniciativa desbravadora da HBO, dificilmente teríamos chegado aos impressionantes *Mad Men* (2007), *Breaking Bad* (2008) e *The Walking Dead* (2010), produzidos pela AMC, ou a *Dexter* (2006) e *Homeland* (2011), produzidos pela SHO, muito menos a *House of Cards* (2013), produzido pela Netflix. A concorrência ficou pesada, valores de produção hollywoodianos foram investidos em *Game of Thrones* (HBO, 2011), talentos antes exclusivos do cinema, como os astros de *True Detective* (HBO, 2014), e largas fatias de público, se viram irresistivelmente atraídos por uma onda de inovação narrativa que, ao que tudo indica, tem muito fôlego para continuar crescendo e provocando efeitos imprevisíveis. Protagonizar mudanças dessa magnitude é o que confere à HBO o direito de se proclamar como distinta daquilo que normalmente consideramos TV.

O terreno da comunicação é amplo e convidativo. Não se restringe aos veículos, vai até os operadores que disponibilizam canais, as empresas não tradicionais de distribuição de conteúdo, ou as holding companies que abrigam veículos de diferentes naturezas. No Brasil, por exemplo, uma operadora de TV por assinatura se vale da mesma estratégia usada pela HBO, só que pelo caminho inverso. Enquanto a HBO se afirma como uma categoria à parte, que não cabe no conceito de televisão, a Sky se orgulha em proclamar: "TV é isso." Ou seja, não é a Sky que constitui uma categoria à parte, são seus concorrentes que não oferecem um serviço à altura do que ela entende como televisão de verdade. Um dizendo "Eu não sou TV" e outro dizendo "Eu sou a verdadeira TV", ambos transmitem a mesma mensagem, com discursos opostos que naturalmente conduzem a narrativas distintas.

Em vez das ações explícitas e de alto impacto implementadas pela HBO, a Sky homenageia os estilos do entretenimento clássico em seus comerciais de TV. Tudo começou em 2009, com a chegada em grande estilo do High Definition ao Brasil. No saguão de um aeroporto, o público era surpreendido pela entrada de Gisele Bündchen, que se instalava em um sofá como se estivesse em casa e, acionando um controle remoto, provocava performances ao vivo que evocavam cobertura jornalística, filmes de guerra, de ação, terror e musicais, com direito a neve para encerrar em pleno verão brasileiro. De lá para cá (pelo menos até 2014), as principais campanhas publicitárias da empresa vêm seguindo um modelo sitcom com pequenos episódios contando a história da dona de casa que vê o marido voltar depois de anos desaparecido e sentindo mais falta da televisão do que da esposa, a história de Maria Antonieta às voltas com um assustado Luís XVI vivendo situações que inserem a TV HD no clima da Revolução Francesa, ou a história de uma cabeleireira em seu movimentado salão de beleza, ou ainda a dona de uma casa habitada por monstros. Todas as histórias estreladas pela übermodel brasileira, que acaba mostrando ao público sua versatilidade como atriz. Mas isso é uma outra história.

No flanco do conteúdo exclusivo, onde a HBO cravou sua grife, um outro concorrente passou a incomodar. Não é canal, nem provedor. É o serviço de streaming Netflix, que, não satisfeito com a distribuição de filmes e séries, passou a produzir séries exclusivas de alto padrão. Ou seja, mais um player apostando alto no poder das histórias para conquistar o público.

Seja na propaganda ou no produto em si, a qualidade do storytelling cada vez mais se impõe como elemento indispensável.

TV e entretenimento combinam fácil com a arte de contar histórias. Mas como se comportaria um veículo de jornalismo impresso nesse cenário?

Em 2012, o jornal britânico *The Guardian* surpreendeu seu público ao falar de jornalismo aberto. A forma usada para abordar o tema surpreendeu muito mais que seus leitores, sacudindo os pilares da comunicação de marketing. Dessa vez, a mensagem do respeitado veículo se concentra não no tradicional discurso de credibilidade ancorado em grandes reportagens, mas na conhecida história infantil *Os três porquinhos*.

Da imagem de um caldeirão fervente, somos levados à primeira página do jornal cuja principal notícia é "Grande Lobo Mau Cozinhado Vivo". Quatro subtítulos introduzem os desdobramentos do fato: "Caldeirão do horror em uma casa de tijolos suburbana", "Porcos alegam ter agido em legítima defesa", "Família e amigos prestam tributo emocionado", "Polícia apela por testemunhas com urgência".

A câmera se aproxima da foto da casa que ilustra a matéria. Vemos, então, a ação da polícia invadindo o local para prender os porquinhos. Imediatamente a página do *The Guardian* na internet registra a prisão: "Três porquinhos presos pelo assassinato do lobo." Uma repórter no site descreve a situação ao vivo. Uma mulher que acompanha a cobertura digita sua opinião no site, discordando da ação policial por considerar que os porquinhos são as vítimas. Novas opiniões se multiplicam na internet: de um lado, "os porquinhos foram longe demais"; de outro, "você tem o direito de defender sua propriedade"; entre esses dois polos, fartura de variações, em diversas línguas.

A polêmica se torna mundial. Uma pesquisa popular pergunta: "Matar um intruso pode ser justificado?" A resposta "sim" larga na frente. Peritos fotografam o local do crime. Em uma rede social, lemos a postagem: "Se alguém tentasse soprar minha casa, eu faria o mesmo." Até que um filme no YouTube mostra o lobo usando uma bombinha de inalação. Especula-se que o morto sofria de asma. Coitado, era mais frágil do que aparentava. A simpatia popular migra dos porquinhos para o lobo.

Dia do julgamento, comoção popular. Os três porquinhos entram algemados no tribunal, observados por repórteres e curiosos que se amontoam na entrada do prédio. Enquanto são julgados lá dentro, vaza a informação de que eles enfrentavam problemas com a hipoteca da casa. Muitas pessoas se identificam com os réus por também estarem com dificuldades para quitar suas dívidas imobiliárias. Uma onda de solidariedade se forma a favor dos porquinhos. Começam os protestos de rua contra a ganância corporativa. "Os bancos forçaram os porcos a fazer isso", diz uma faixa que se destaca nas manifestações, assinada pelo grupo autointitulado "Pessoas do mundo unidas contra o capitalismo". Os protestos descambam para a violência, a polícia reprime com brutalidade, e o conflito foge ao controle, espalhando-se pelo mundo. Uma última imagem do site do jornal noticiando o debate que toma conta do planeta, e estamos prontos para a assinatura: "The Whole Picture. *The Guardian.*"

Partindo da ficção para expressar uma verdade incontestável. Com o filme que acabo de descrever, o jornal *The Guardian* encontrou o jeito mais contundente de retratar a realidade do mundo moderno, a dificuldade de se fazer bom jornalismo no contexto atual, a consciência de sua missão e o compromisso de enfrentá-la com coragem e transparência.

Assista aqui aos vídeos que ilustram este capítulo:

QUANDO O PRODUTO É A HISTÓRIA

PARTE III

HISTÓRIA QUE NÃO ACABA MAIS

Escreva sua história
na areia da praia
pra que as ondas a levem
através dos sete mares até tornar-se lenda
na boca de estrelas cadentes.
Conte sua história ao vento
cante-a nos bares para os rudes marujos
olhos de faróis sujos.
Escreva no asfalto
escreva com sangue
grite bem alto a sua história
antes que ela seja varrida na manhã seguinte pelos garis.
Abra o peito na direção dos canhões
derrube os muros de Berlim
destrua as catedrais de Paris.
Defenda sua palavra
a vida não vale nada
Se você não tem uma boa história pra contar.

Claufe Rodrigues

Capítulo 24

HISTÓRIAS CRUZADAS: EU, VOCÊ E NOSSAS MARCAS

Sempre foi assim. Mas agora está mais assim do que nunca.

Cada pessoa carrega consigo sua própria história, que invariavelmente é a mais importante do mundo, pelo menos na "imparcial" opinião do protagonista-narrador. Essa história se cruza com outras, que, por mais paralelas que sejam, exercem múltiplas influências sobre a trama principal. Dentre as influências, interessam-nos particularmente as que dizem respeito às marcas. Donas também de suas histórias (voluntárias ou não), as marcas fazem de tudo para se conectar aos milhões de protagonistas que povoam o planeta, ora mostrando-se como coadjuvantes ideais para acompanhá-los pelas aventuras da vida, ora inspirando-os a participar do universo narrativo criado por elas. Por mais que todo ser humano seja capaz de criar, a criatividade não é um bem distribuído com essa fartura toda. Por isso, uma boa moldura temática sugerida por qualquer marca pode salvar a pele do angustiado consumidor que precisa se inserir na enxurrada de histórias que alaga as relações humanas pós-internet. É só embarcar no clima, e pronto: você já é um astro.

Mesmo nas histórias originais, cem por cento autênticas, não há como negar a necessidade de elementos de apoio. Nossas melhores cenas jamais funcionariam direito se não acontecessem no local ideal (cidade, restaurante, shopping, teatro, avião, carro...), sem que nosso figurino fosse da grife que mais gostamos, sem que usássemos os adereços certos (celular, bolsa, cartão de crédito, relógio, óculos, joias...), o desodorante e o perfume ideais, e naturalmente estivéssemos com o corpo, o cabelo e a textura da pele em sua mais exuberante forma. Considerando que essas cenas podem acontecer em situações domésticas, românticas, profissionais, esportivas, sociais etc, e que cada uma delas requer indumentária, equipamentos, posturas e pessoas diferentes para contracenar, é evidente a magnitude dos cruzamentos possíveis e a vantagem que uma narrativa sedutora e consistente leva sobre suas rivais na dura missão de atrair para si o maior número possível de personagens com suas histórias a tiracolo.

Nas sociedades primitivas, isso acontecia apenas no âmbito da tribo, movido a inter-relações pessoais. Com o advento da mídia, a influência foi canalizada pelos grandes dutos dos veículos de comunicação, ganhando dimensões, primeiro nacionais, depois globais. Coincidindo com a globalização, vimos a chegada da internet, criando atalhos, possibilidades de interações rápidas entre personagens de realidades sócio-político-econômico-cultural-geográficas tão diversas que algumas delas há bem pouco tempo seriam simplesmente impossíveis. De uma hora para outra, começamos a conviver com um boca a boca planetário, onde todos podem emitir opiniões sobre qualquer assunto, inclusive sobre a história do outro, independentemente de o conhecermos bastante ou não. E o conceito de "outro" inclui pessoas e marcas.

HISTÓRIAS CRUZADAS: EU, VOCÊ E NOSSAS MARCAS

Com a internet, todas as barreiras foram derrubadas, concedendo-se a cada indivíduo um poderoso canal de mídia, onde podemos registrar nossa emocionante passagem pela Terra, cena a cena, com as imagens e palavras que mais nos favorecem, para que nenhum habitante do planeta desconheça que conquistamos um prêmio, festejamos o aniversário de um parente, estamos felizes com a atuação de nosso time, passamos as férias em um resort paradisíaco ou tomamos um sorvete que nos proporcionou sensações gustativas reservadas aos deuses. Sim, a tecnologia colocou nas mãos do protagonista que habita em nós a mais possante metralhadora giratória jamais manuseada pelos humanos, capaz de disparar narrativas em todas as direções, podendo tanto criar celebridades instantâneas quanto causar danos a reputações que talvez se julgassem a salvo por se manterem longe das redes sociais.

A única certeza na web é a de que ninguém está a salvo. E, já que a onda é essa, melhor surfar que resistir.

Capítulo 25

TRANSMÍDIA STORYTELLING

"O poder da participação vem não de destruir a cultura comercial, mas de reescrevê-la, modificá-la, corrigi-la, expandi-la, adicionando maior diversidade de pontos de vista, e então circulando-a novamente, de volta às mídias comerciais."

Henry Jenkins

Disseram que o rádio mataria o jornal e a revista, que a televisão mataria o rádio e o cinema, logo depois que este matasse o teatro e a literatura. E que a internet mataria todo o resto.

O assassinato do livro, portanto, vem sendo anunciado há muito tempo. Mas nenhum dos suspeitos até agora conseguiu executar o crime. Ao contrário, o e-book trouxe novas perspectivas para a literatura, e os fartos recursos da internet, apesar da fragmentação, superficialidade e dispersão que provocam, tornam mais aguda a necessidade de aprofundamento e concentração nos temas, diferenciando os bem-aventurados, que preservam intacta sua capacidade de ler, compreender, assimilar e refletir. Sem falar nos progressos obtidos com o estreitamento da relação leitor-escritor. Nunca as editoras puderam ouvir opiniões como agora sobre o que deve ser publicado, qual a melhor capa, o tema e o formato mais adequados. Nunca os apreciadores da literatura tiveram tantas oportunidades de contatar diretamente seus autores preferidos, protestar contra o destino dos personagens, interferir nas tramas, exercer uma espécie de coautoria cibernética que tanto enriquece e estimula o processo criativo.

O cinema, inspirado na série estrelada por Bruce Willis, também demonstra ser "duro de matar". Apesar dos golpes sofridos pela crescente qualidade das séries televisivas, que já estão ameaçadas pelo streaming, todos fustigados incessantemente pelos games, que se tornam cada vez mais cinematográficos. E eis que voltamos à referência original.

Não precisa ir muito longe. Você escreve a história de um rapaz apaixonado em dificuldades para conquistar sua amada (Quantas vezes você já viu essa história? Pois ela continua funcionando, e pode tanto se apresentar como simples entretenimento como estar a serviço de uma ou várias marcas). Mas, voltando à forma, eu disse: "Você escreve a história." Nessa primeira versão, ela pode ser lida em livro, em fascículos, em capítulos publicados em revistas ou jornais (como acontecia com as grandes obras literárias do passado), em computadores, tablets, celulares, ou em cartazes colados pela cidade.

Digamos que você, empolgado com a receptividade da história, decida roteirizá-la como filme. Sua verba é alta, permitindo boa produção e o uso de quantas mídias quiser. Parabéns! Seu filme vai passar no cinema, na televisão, será visto em computadores, tablets, celulares, nos monitores que encontramos em aeroportos e elevadores, projetado nas paredes de prédios, ganhará versão em DVD e, se for o caso, será fatiado como web série e/ou série de TV.

Até aqui estamos falando da mesma história, apenas o básico "leia o livro e veja o filme", sem teasers, sem o incentivo ao surgimento de spoilers que revelem segredos da história e multipliquem a curiosidade e os debates em torno dela, sem pílulas de envolvimento com a trama, como outdoors do rapaz declarando-se à amada, perfis dos personagens nas redes sociais, performances de rua, divulgação da trilha sonora, promoções, enquetes, jogos, material de merchandising, desde roupas até alimentos e objetos de decoração. Percebeu como a história se agiganta?

A realidade é tão vasta que nela cabem o catastrofismo dos que anunciam a decadência da televisão, em perfeito convívio com os que celebram a era da TV everywhere, quando o conteúdo televisivo pode ser consumido em múltiplas telas, cabendo ao público escolher a mais conveniente a cada momento.

Aumentam as possibilidades de plataformas, multiplicam-se as mídias, e tudo o que as histórias precisam fazer é aprender a circular por todas as estradas. Em outras palavras, se banquetearem com a realidade transmídia.

Introduzido em 1991 pelo pesquisador americano Marsha Kinder, o termo *transmedia* passou a disputar atenção com *cross-media*, que ganhou popularidade com o lançamento do programa *Big Brother*, definido por seu criador Jon De Mol como um puro exemplar da categoria *cross*. Henry Jenkins formulou a definição de *transmedia storytelling* em 2003, houve um esforço teórico de distinção entre as duas expressões, mas ninguém precisa de tantas minúcias em um mundo que tem mais o que fazer. Simplificando, *transmedia* e *cross-media storytelling* são basicamente a mesma coisa: contar histórias através das múltiplas plataformas à nossa disposição. A inclusão do transmedia producer na lista de créditos dos filmes de Hollywood em 2010 não deixa dúvidas quanto à relevância do tema no universo narrativo contemporâneo.

Chegamos ao ponto em que todas as mídias dialogam entre si, cada uma aproveitando suas características para melhor se inserir na narrativa. E o público conquistou o direito de participar, interferir, vivenciar, no grau que lhe convier, as histórias que julgar mais interessantes.

Transmídia pressupõe: envolvimento de várias mídias em um sistema integrado; disponibilização de conteúdo em diferentes plataformas, possibilitando sua fruição de forma independente, heterogênea e assimétrica; contar não necessariamente a mesma história, mas expor o mesmo tema em ângulos variados; conceder uma parte da autoria ao público, gerando identificação e pertinência que resultem, no maior grau possível, em um senso de corresponsabilidade entre emitente e receptor pelo desenrolar da história.

O que adiciona alguma complicação ao quadro é que hoje em dia tudo pode ser mídia.

Sua história é música

Mais uma vez, a música aparece neste livro. Agora como metáfora.

TRANSMÍDIA STORYTELLING

Imagine uma grande orquestra. Há instrumentos variados, cada um com sua partitura, tocando trechos que nem sempre coincidem, mas que se harmonizam e formam um conjunto poderoso.

Por mais que o piano soe diferente de violinos, flautas, metais, percussão etc, todos tocam a mesma música, dentro de suas características individuais, cada um dando o melhor de si na execução da obra.

Agora imagine essa orquestra gravada e reproduzida em todos os meios possíveis, da televisão ao ringtone, passando por rádio, internet, CDs, qualquer situação em que se possa encaixar uma música. E sempre cabe um videoclipe, cujo roteiro pode conter uma história interessante, talvez um novo *Thriller* ttà la Michael Jackson, que poderia permitir alterações feitas pelo público, em um grau de interatividade que, se ampliado, talvez desembocasse em um game, quem sabe?

Maior ainda se considerarmos que essa orquestra pode espalhar seus instrumentos por vários pontos da cidade, permitindo ao público que os encontre e os reúna como bem entender, e até que toque alguns deles, integrando-se ao espetáculo. Ou que, aprendendo a tocá-la e cantá-la, cada pessoa se sinta à vontade para executar seu próprio arranjo, levando nossa música a eventos fechados como celebrações em escolas ou pequenas reuniões de amigos. Curtindo-a cada um a seu jeito com invejável intimidade, a ponto de surgirem novos videoclipes postados no YouTube com arranjos e roteiros que jamais imaginamos, em um sensacional descontrole que espalha a ideia original de nossa música pelos quatro cantos do planeta.

É dessa amplitude de difusão que tratamos quando nos referimos a transmídia — uma inesgotável profusão de possibilidades.

Bing Bang

Não é todo dia que surge um Google. Muitos mecanismos de busca atuam na internet há algum tempo, mas só um disparou na frente. Conseguiu essa façanha por muitos motivos, mas o principal, a meu ver, foi demonstrar aos primeiros usuários que seus nomes também estavam lá. Essa foi a maneira como fui apresentado ao Google: "Tá tudo lá, eu, você... experimenta só", disse-me um amigo. Digitei meu nome, depois de membros da minha família, e uau!, reverberei a mensagem: "Tá tudo lá... experimenta só." Imagino quantas outras pessoas conheceram o Google do mesmo jeito. A experiência do usuário não tinha precedentes, daí seu sucesso avassalador. E no coração dessa experiência não está a história do mecanismo de busca, está a nossa. Foi o Google que nos colocou em pé de igualdade com vultos históricos e artistas, despertando em cada um o orgulho do biografado, até então reservado para poucos. Tornou-se um facilitador tão fantástico que, de uma hora para outra, já era indispensável. Não precisou criar nem contar sua história, apenas fez algo absolutamente revolucionário. Por isso, é o exemplo mais eloquente do que chamamos de Storydoer.

Diante desse Big Bang, um gigante como a Microsoft não tinha como se calar: lançou o Bing. O problema era chamar a atenção de um público ainda em lua de mel com o dono do pedaço.

A estratégia partiu de um livro. Muitos torceriam o nariz ao ver uma plataforma tão antiga sendo usada para atrair um target predominantemente jovem e encantado com tecnologia. Era a esperada biografia do rapper Jay-Z, intitulada *Decoded*. Em vez de lançar o Bing, a Microsoft lançaria o livro através do Bing, motivando a desejada experimentação que tantos bons frutos trouxe para o Google. Mas lançar um livro não é algo tão espetacular assim, e a leitura não está entre as atividades prediletas dos jovens... a menos que o livro se transforme em um jogo, diferente dos jogos a que estamos habituados, misturando on-line com off-line, literatura com música, cultura com tecnologia.

Cada página do livro foi colocada durante um mês em 13 diferentes cidades dentro e fora dos Estados Unidos, antes do lançamento oficial, buscando locais que contextualizavam a narrativa. O público foi surpreendido com as visões de um automóvel adesivado com uma página, uma embalagem de hambúrguer com outra, o feltro de uma mesa de bilhar, os pratos de um restaurante ou o fundo da piscina do Hotel Delano, em Miami, totalmente tomados pelas páginas que descrevem passagens do livro ligadas àqueles ambientes. Jaquetas da Gucci foram forradas com o texto de uma página, uma placa de bronze reproduziu outra página no Marcy Projects, local onde o biografado viveu momentos importantes de sua infância. Pontos de ônibus, cartazes e outdoors em geral também se juntaram à profusão de páginas expostas ao público. O livro ainda não havia sido lançado, mas já podia ser lido por aqueles que participassem do jogo. Tudo o que os participantes tinham a fazer é buscar na internet as pistas de onde estava cada página, localizá-la, guardar a imagem e depois colocar todas as páginas na sequência certa. Pronto: uma edição inovadora da obra que só algum tempo depois estaria disponível nas livrarias.

A iniciativa foi um grande sucesso, o que não significa a derrubada do Google ou sequer um abalo preocupante. Mas ninguém esperava resultado melhor do que sinalizar para o mundo que existe uma alternativa ao todo-poderoso buscador. Muitos outros capítulos ainda serão necessários para que o Bing conquiste maiores espaços.

O importante é que, além de mostrar sua capacidade de atender ao público em suas buscas, o Bing se apresentou como um player atrevido, antenado com o que acontece no universo pop, e capaz de transformar qualquer objeto ou superfície em mídia, com personalidade marcante e relevância cultural.

Criação de universos

De quantos mundos precisamos? Há o mundo dito real, o espiritual, o virtual e o ficcional, que, como sabemos, se confunde facilmente com todos os outros. Quando foi lançado o *Second Life* na internet, tudo o que se buscava era atender a essa necessidade humana de dispor de vários mundos. Nossa vida é insuficiente, daí a inquietação pela transcendência, a crença de que há uma vida eterna depois desta ou de que continuaremos experimentando as emoções do existir em um processo de reencarnações sucessivas onde temos a oportunidade de variar nossos papéis no grande teatro do universo. O que acontece depois da morte é chamado de "além", "outra vida", ou definido como coisas do "outro mundo".

Gostamos de nos imaginar diferentes, de tentar outras hipóteses, por isso adoramos mergulhar em histórias.

Soa pretensioso, mas no fundo é o que toda história faz: criar universos. Sabemos que cada pessoa tem uma história e vive em seu próprio mundinho, não é assim? Pois esse mundinho nunca é o bastante.

O mundo de Jay-Z ficou acessível a seus fãs através da autobiografia e da forma como ela foi pré-lançada. O mundo de Harry Potter é povoado de feiticeiros e faz com que voar em uma vassoura seja tão banal quanto andar de bicicleta. Em *Matrix* somos transportados para dois mundos paralelos, onde, junto com os personagens, oscilamos, sofrendo perseguições de tirar o fôlego. Em *Game of Thrones*, encontramos na TV o mundo criado por George R. R. Martin em sua série de livros *A Song of Ice and Fire*, e, mesmo sem referência de onde ou quando a história se passa, acompanhamos a sangrenta disputa de poder que envolve desde soberanos cruéis até povos estranhos, dragões voadores e fenômenos climáticos devastadores.

Os universos criados pelas histórias, uma vez absorvidos, são vistos por nós com extrema naturalidade. Quem não sabe que as lâminas das espadas de *Star Wars* são feitas de luz em vez de metal? E quanto mais habilmente esses universos são construídos, mais facilidade eles têm para conviver com seu público.

Quer dizer, então, que só as histórias fantásticas e de ficção científica têm futuro? Claro que não.

STORYTELLING

Há universos em todas as narrativas. Qualquer pessoa seria capaz de se vestir adequadamente em uma festa à fantasia onde o tema fosse *O poderoso chefão*, ou *Mad Men*, ou *Macbeth*, ou... pense em uma boa história e você é imediatamente remetido ao seu clima, às suas relações de poder, ao comportamento geral dos personagens, à ética, aos conflitos, figurinos, objetos, sons, enfim, ao estilo dominante.

Com as marcas não é diferente. Elas têm histórias; portanto, têm universos. Na medida em que esses universos são bem delineados, aumenta a facilidade de sua narrativa transmídia.

Nem sempre é fácil discorrer sobre isso, mas basta olhar para Heineken e Antarctica, Osklen e Lacoste, Chanel e O Boticário, só para ficarmos com o exemplo de três segmentos. Alguma dúvida de que, mesmo cada dupla disputando respectivamente os mercados de cerveja, vestuário e perfumes, essas marcas individualmente pertençam a mundos totalmente distintos?

Enquanto construímos histórias, um mundo de coisas acontece. Há que se ficar atento a suas regras, seus símbolos, sua hierarquia de valores. Esses elementos serão os marcos da história a serem disseminados e constantemente lembrados. Dependendo de como os trabalhemos, cada um deles pode ser suficiente para resgatar o enredo, a ideia central e boa parte das emoções geradas pela narrativa completa. São eles que amarram o que acontece no ponto de venda ao que vivenciamos em um evento esportivo, vemos na propaganda, assistimos na cena do seriado com product placement, ou absorvemos quase sem notar durante um videogame.

Capítulo 26

GAMIFICAÇÃO

Pergunte ao autor de um romance sobre o que ele pretendia ao escrever sua obra. A resposta ouvida com frequência será: "Trazer os leitores para dentro da história." Ambição perfeitamente legítima. Volte-se então para o leitor, consultando seu objetivo ao ler o romance. Ao lado de alguns propósitos culturais mais nobres, certamente virão os tradicionais "distrair", "divertir", que no fundo significam: "Escapar do tédio que a realidade costuma nos trazer."

O mesmo teste vale para quem produz e assiste a filmes ou qualquer outra forma de contar histórias. Chegamos ao ponto. Os games são uma dessas outras formas de contar histórias e realizam de maneira singular a integração entre público e narrativa. Simples assim.

Vozes discordantes se erguerão dizendo que jogos são uma atividade e que a posição de quem lê, ouve ou assiste à narração de uma história é essencialmente passiva: autor = emissor, público = receptor. Raciocínio equivocado. Pesquisas científicas comprovam o esforço que as histórias exigem de nós. Pela ação dos neurônios-espelho, os grandes responsáveis pelos sentimentos de empatia, acabamos sofrendo o que se passa com os personagens lidos ou assistidos. Taquicardia, suor, lágrimas, gargalhadas... acontece de tudo quando nos envolvemos com uma história. Quem nunca se encolheu ou fez careta em uma cena de suspense? Ou se inquietou com a personagem que está tomando a estúpida decisão de entrar na casa onde se encontra o assassino? Como simuladores que nos preparam para as situações da vida, as histórias exigem de nós participação ativa, mesmo quando não nos damos conta disso. Livros, peças teatrais e filmes, assim como os games, tanto entretêm quanto cansam.

Mas voltemos às primeiras linhas deste capítulo. O que os autores ambicionam desde sempre não é trazer o público para dentro de sua obra? Mudou o quê, então? Apenas o grau de interatividade, que antes ocorria no âmbito da imaginação, tornando-se menos intelectual, sutil ou coisa que o valha ao transformar o receptor da história em avatar de personagem. Ele é inserido na trama, enfrenta os perigos que surgem em seu caminho, cai, levanta, corre, pula, mata, morre, e o desfecho da trama vai variando cada vez que ele joga. Deste ângulo, podemos dizer que o game é a concretização do sonho de todo storyteller.

Calma! Sei que estamos longe do ideal. Os games que conhecemos reduzem o campo narrativo a histórias de ação. Exigem muito mais reflexo do que reflexão, tendendo, portanto, a emburrecer seus usuários.

Tudo bem, há um processo em curso e vale a pena olhar para o que pode vir por aí. Se hoje os games parecem concorrer mais com parques de diversões do que com produtos culturais, amanhã poderemos ter grandes obras literárias convidando o público a visitar virtualmente seus mundos e compartilhar, de joystick em punho, a experiência de seus personagens.

Por princípio, ao abrir um romance, sentar em um teatro ou cinema, estamos concordando em participar de um jogo. Sabemos que aquilo que vamos vivenciar ali não tem compromisso com a realidade e ainda assim nos dispomos a acreditar em tudo, certo? A língua inglesa é muito elucidativa quando usa a mesma palavra (play) para peça teatral, interpretação de personagem, brincar e jogar. Crianças brincando de casinha estão simulando a vida adulta enquanto jogam entre si com situações emuladas de seus pais. Algo muito parecido acontece quando elas ouvem histórias. O que se passa com seus pais durante um game ou a leitura de um livro, guardadas as diferenças de maturidade, é exatamente o mesmo.

A tecnologia usada nos games é, portanto, muito bem-vinda. Dá mostras claras do que pode fazer a favor da produção cultural e já começa a dotar suas tramas de elementos mais próximos da literatura do que jamais estiveram. Multidões de adolescentes e jovens têm sido atraídas para a leitura por livros que aprofundam a narrativa de seus jogos preferidos. Livros são lançados simultaneamente com os respectivos games, oferecendo a seus leitores a possibilidade virtual de viver a história. Sabemos dos vários filmes produzidos a partir de games e vice-versa. Tudo indica que o antigo "leia o livro, veja o filme e compre o disco" está mudando para "leia o livro, veja o filme, baixe a trilha e jogue o game", não necessariamente nesta ordem.

Gostemos ou não, o game é uma plataforma em franca ascensão. Seus recursos técnicos encantam cada vez mais usuários, seus orçamentos de produção já equivalem aos dos grandes filmes, os profissionais envolvidos em sua elaboração são de nível artístico cada vez melhor, e — o mais importante — sua mescla com a vida real, gerando jogadores especialistas, troca de informação entre grupos de interesse, e toda sorte de mobilização, abre caminhos fantásticos para uma narrativa que se insere no dia a dia.

Onde vai dar tudo isso, não sabemos. Pode ser que a cultura saia chamuscada pela hipervalorização do entretenimento, pode ser que ela se beneficie, atraindo o interesse do público jovem. Ou, quem sabe, as pessoas se cansem de jogar fisicamente, redescobrindo o prazer dos jogos intelectuais, subjetivos, silenciosos. Novas ondas, embaladas por tecnologias ainda desconhecidas, podem se sobrepor aos games, como tem acontecido ao longo do tempo sem que nenhuma forma narrativa desapareça, e cada uma encontre seu espaço. Por enquanto, o jogo é esse. Faça suas apostas.

Capítulo 27

IGREJA CATÓLICA APOSTÓLICA TRANSMIDIÁTICA ROMANA

Como era no princípio, agora e sempre.

Das novas palavras que o boom tecnológico nos trouxe, "transmídia" talvez seja a que gerou maior perplexidade. Criar e contar histórias já exige tanto, e agora mais esta: ter que conversar com mil plataformas.

Novidade é bom, mas dá um trabalho...

Se esse raciocínio desanimado lhe passou pela cabeça, relaxe. A Igreja Católica pratica o transmídia desde quando a tecnologia sequer rondava a humanidade. E o faz com tamanha competência que segue soberana como melhor narrativa transmídia do planeta até hoje.

Entre nos principais museus de arte do mundo ocidental, especialmente os europeus, e preste atenção às pinturas e esculturas que abordam temas religiosos. Quantas vezes as cenas clássicas da narrativa bíblica são retratadas? Adão e Eva, nascimento de Jesus, flagelo e crucificação, anunciação do anjo Gabriel à Virgem Maria, o massacre dos inocentes promovido por Herodes, os sofrimentos a que foram submetidos os grandes mártires, os pecadores ardendo no fogo do inferno, anjos e suas harpas, demônios e suas tentações.

Na música clássica, bastaria Johann Sebastian Bach com sua obra tão inundada pela religiosidade, mas, para que não pareça um caso isolado, vamos deixá-lo acompanhado pelos réquiens de Mozart, Verdi, Brahms e Berlioz, além das diversas composições sacras de Vivaldi, Haendel, Haydn e Gounot. Somam-se aos clássicos o repertório criado para festas religiosas e atos litúrgicos, onde se misturam algumas composições nascidas no protestantismo e intérpretes como Take Six, Os Meninos de Deus e outros tantos que, cantando os episódios do Antigo e Novo Testamento, exaltam os benefícios da fé e constroem um poderoso arcabouço narrativo musical. Correndo por fora, o brasileiro Roberto Carlos levou dos palcos para as missas seu grande sucesso "Jesus Cristo", além de outras canções com temática cristã, e vários astros de todos os estilos pelo mundo afora que, em algum momento, gravaram músicas natalinas. Quantas versões de "Noite feliz" e "Jingle Bells" você conhece?

Artes plásticas, música, arquitetura, tudo se une em um mosaico que faz os grandes relatos do cristianismo presentes ao longo do tempo e nos mais diversos pontos do planeta. As cidades históricas mineiras com sua enorme quantidade de igrejas barrocas, onde desponta o trabalho do Aleijadinho; Salvador, na Bahia, com suas centenas de igrejas; todas as grandes cidades do mundo ocidental com suas catedrais; todas as pequenas cidades com suas igrejas como ponto de referência. O que isso traz de awareness é imbatível. Com o apoio de cada

IGREJA CATÓLICA APOSTÓLICA TRANSMIDIÁTICA ROMANA

igreja com seus sinos, não há história mais badalada que a dos católicos. E dentro dessas igrejas saltam aos olhos as imagens dos principais personagens, as cenas da via-crúcis, uma intensa recapitulação da narrativa-mãe, através de esculturas, pinturas e vitrais.

O que acontece no interior das igrejas? Missas e sacramentos, onde são lidos trechos bíblicos, são repetidos salmos, são cantados hinos que consistentemente reforçam a história. Nas missas, celebradas diariamente e obrigatórias nos domingos e dias santos de guarda, além das leituras, reflexões e orações, reencena-se o episódio da Última Ceia, com a consagração de pão e vinho, que são distribuídos sob a forma de hóstia aos participantes, fazendo-os atuar como os apóstolos que estavam recebendo o alimento das mãos de Cristo em sua derradeira refeição. Que outra história é introjetada em seu público de forma tão significativa?

Há que se destacar o brilhantismo dos redatores litúrgicos e seu poder de síntese. A oração do Credo é o mais perfeito exemplo de sinopse confessional, onde se repassa o mistério da Santíssima Trindade, o resumo da vida de Cristo e o papel da Igreja na intermediação de seus fiéis com as forças celestiais. Essa oração está em todas as missas, garantindo que ninguém se desvie do trilho narrativo. Em número menor, mas ainda assim expressivo, os mais devotos rezam o rosário, que é dividido em terços que sublinham determinados mistérios. A cada segmento de dez ave-marias, esses mistérios convidam à meditação sobre as principais passagens da vida de Jesus.

STORYTELLING

Pelas ruas, páginas e telas

Os eventos públicos (shows, festivais, exposições, bailes, competições esportivas) que proporcionam a experiência de marcas encontram equivalência com o catolicismo nas festas religiosas como Natal, Páscoa, o Círio de Nazaré, as procissões, as celebrações em homenagem a santos padroeiros e até festas populares, como as juninas, que — não nos esqueçamos — acontecem em nome de Santo Antônio, São Pedro e São João. Ano após ano, cumpre-se o calendário litúrgico cujos pilares são o nascimento do protagonista (Natal) e o clímax de sua trajetória, onde se sucedem sofrimento, morte e ressurreição (Semana Santa), ambos precedidos de intensos períodos preparatórios: Advento e Quaresma. Junto com essas festas estão os símbolos cuja presença desencadeia a lembrança da história, dois deles com absoluto destaque: **a cruz**, logomarca mais reproduzida e impactante do mundo, exibida nas fachadas das igrejas, nos cemitérios, em joias e peças de adorno em geral, tornada gesto identificador/protetor ao ser traçada com a mão direita sobre cabeça e tronco do cristão (desfecho da biografia de Jesus, associada à sua morte e ressurreição); e **o presépio**, presente em paróquias, residências, shopping centers e praças no período natalino (representação do nascimento de Jesus). Na esteira do presépio, protagonizado evidentemente pela Sagrada Família, apresentam-se novos símbolos, como a manjedoura e a estrela-guia, e são introduzidos personagens sazonais, como os pastores, o galo (que dá nome à mais famosa missa natalina), os burrinhos, ovelhas e bovinos que pontuam a simplicidade da cena, e os Reis Magos (Belchior, Gaspar e

IGREJA CATÓLICA APOSTÓLICA TRANSMIDIÁTICA ROMANA

Baltazar), estes com direito a uma festa específica celebrada em 6 de janeiro, que enseja encenações folclóricas e comidas típicas em muitas regiões. "É o Dia dos Santos Reis", que Tim Maia deixou tão bem marcado na música brasileira.

Na literatura são abundantes os trabalhos que aprofundam a fé católica, alguns escritos por Papas, outros por teólogos, por escritores leigos como Luiz Paulo Horta e Reza Aslan, ou padres, entre os quais verdadeiros fenômenos de popularidade como Marcelo Rossi.

E no cinema? Ao lado das muitas versões da vida de Cristo, temos *Irmão Sol, irmã Lua*, de Franco Zeffirelli, falando-nos de São Francisco de Assis; temos *Sansão e Dalila*, *Os Dez Mandamentos*, *Ben-Hur*, *Jesus Cristo Superstar*, *Godspell* (os dois últimos baseados em espetáculos de teatro musical) e um sem-número de filmes tratando de milagres, conversões, aparições de santos. Acrescente-se a eles os filmes que, embora sem pretensões religiosas, têm o cristianismo integrado à trama. É o caso dos que tratam de exorcismo, conflitos entre o sagrado e o profano, anjos que assumem forma humana etc, sem limite de gênero, como bem exemplifica *O Livro de Eli*, violenta história de ficção científica em que, no futuro pós-apocalíptico, um último exemplar da Bíblia é alvo de disputa entre o protagonista, interpretado por Denzel Washington (que se dedica a levar o livro a um lugar seguro, onde servirá a bons propósitos), e o vilão interpretado por Gary Oldman (que pretende se apossar do livro para, amparado em seu poder de influência, dominar o que restou do mundo).

Você pode estar pensando que os filmes bíblicos já tiveram sua fase, sendo substituídos pelos que apenas aludem à religião sem realmente mergulharem no tema, e que pouco a pouco o assunto estará ultrapassado. Não é o que parece. Em 2014, constatamos que, no rastro do sucesso da minissérie *A Bíblia*, produzida pelo History Channel, Hollywood se mobiliza para lançar uma inédita safra de filmes com temática religiosa. Depois de *Noé*, sobre o grande dilúvio e a famosa arca (dirigido por Darren Aronofsky, protagonizado por Russell Crowe), vem *Exodus*, sobre a fuga dos hebreus do Egito (dirigido por Ridley Scott, com Christian Bale no papel de Moisés). E vem *Mary*, sobre a vida de Maria desde sua adolescência até a morte de Jesus (dirigido por Alister Grierson); *Son of God*, sobre a vida de Cristo, extraída da minissérie do History Channel (dirigido por Christopher Spencer); *East of Eden*, recriando o conflito entre Caim e Abel na atualidade (dirigido por Gary Gross); *Ressurrection*, sobre um centurião romano que investiga a ressurreição de Jesus (dirigido por Kevin Reynolds); *Jesus de Nazaré*, apresentando uma hipótese diferente para a gravidez de Maria (dirigido por Paul Verhoeven); além de *Gods and Kings*, sobre Moisés, e *Pôncio Pilatos*, sobre o governador da Judeia na época de Cristo. Um volume significativo de produções a atestar a vitalidade do tema, tanto no cinema quanto na TV.

Às margens da mídia clássica, milhares de encenações da Paixão de Cristo acontecem em paróquias e escolas. Dentre as produções fora do eixo midiático convencional destacam-se performances turisticamente consagradas, como a que acontece no bairro da Lapa, no Rio de Janeiro, e a mais famosa do Brasil, em Nova Jerusalém, Pernambuco.

IGREJA CATÓLICA APOSTÓLICA TRANSMIDIÁTICA ROMANA

Mais profundo que todas essas manifestações é o grau de interseção da narrativa católica com os momentos marcantes da história de cada pessoa: nascimento (batismo), casamento (rito matrimonial) e morte (extrema-unção, cerimônias fúnebres, missa de sétimo dia, celebrações de finados). Pense na sua história, de quantas cerimônias cristãs você já participou. Agora pense nas obras de ficção que você já consumiu, quantas cenas de confissão, de funerais, quantos casamentos diante de altares você já viu em filmes e novelas, quantas personagens femininas realizaram seu sonho de entrar vestidas de noiva em uma igreja católica. Do momento mais íntimo ao mais público, do mais dramático ao mais festivo, a história contada pelo catolicismo quase sempre está presente.

Cidades e mais cidades, até um Estado totalmente seu

Não se pode pensar no Rio sem lembrar do Cristo Redentor, nem em Florença sem lembrar do *Davi*, de Michelangelo. Há cidades totalmente envoltas pela narrativa católica: Fátima, em Portugal; Lourdes, na França; Aparecida do Norte, no Brasil; Jerusalém, em Israel (cidade declarada santa por cristãos, judeus e muçulmanos). Há inúmeras cidades com nomes de santos. Só no Brasil são 2.500 localidades, entre elas o estado e a cidade mais ricos da América Latina: São Paulo.

E há um Estado sede do catolicismo. A fartura de plataformas do storytelling católico converge para o Vaticano, onde fé e arte se unem para não deixar nenhuma dúvida quanto à excelência de sua narrativa. O Museu do Vaticano reúne um acervo impressionante; a Basílica de São Pedro (maior do mundo) guarda, entre outras obras, a *Pietà,* de Michelangelo; e a Capela Sistina, inspirada no Templo de Salomão, tem, nos afrescos pintados por mestres da Renascença como Michelangelo, Rafael, Bernini e Botticelli, nada menos do que uma descrição da história da humanidade do ponto de vista bíblico. Sua imagem mais icônica, concebida por Michelangelo, nos apresenta o momento da criação do homem, quando Deus e Adão estendem as mãos para que seus dedos indicadores se toquem. Ironia profética: a representação pictórica do início da vida humana segundo os ensinamentos religiosos é, em última análise, digital.

No Vaticano, os Papas atraem as atenções do mundo, atuando como chefes de Estado em privilegiada situação. Basta dizer que a revista *Time* já elegeu três Papas como Personalidade do Ano: João XXIII em 1963, João Paulo II em 1994 e Francisco em 2013, para confirmar o status pop dos pontífices. Visitas papais costumam mobilizar multidões, e a Jornada Mundial da Juventude equipara-se aos grandes eventos esportivos globais na quantidade de público que atrai. Nada mais benéfico para a propagação de uma narrativa do que pessoas que a encarnem e eventos que a celebrem.

De onde vem tudo isso?

Tudo a partir de um livro

A história aclamada, repassada e infinitamente reinterpretada da Igreja Católica se concentra na Bíblia. E o que tem esse livro de tão interessante? A saga de um povo que caminha, cai e se levanta em busca da liberdade e de um relacionamento bem resolvido com seu Deus, repleta de profetas, patriarcas, guerras e intrigas das mais diversas (Antigo Testamento). E a culminância dessa saga com a chegada ao mundo do Filho de Deus, o herói que, por se diferenciar do comportamento sócio-político-cultural da época, apesar de ter se dedicado a fazer o bem, é mal interpretado, preso e condenado. Para espanto de todos, esse herói ressuscita, vencendo o mais temido adversário da humanidade: a morte (Novo Testamento). Resumindo, essa é a história que vemos desdobrada há mais de dois milênios em incontáveis fragmentos. E sua ação sobre a vida de algumas pessoas faz com que elas sejam consideradas santas, gerando tramas paralelas que a realimentam.

Com as novas tecnologias, ela continuará em expansão, mostrando-nos que, do alto de sua situação ímpar, tem muitas lições a nos dar sobre storytelling e transmídia. E essa continuação acontece espontaneamente, surgindo de diversas fontes, sem que sobre elas haja necessariamente alguma interferência ou supervisão da Igreja. Dada a história, fixadas suas bases e estimulada sua propagação, as narrativas passam a caminhar sozinhas, gerando impressionantes desdobramentos.

Sim, todas as religiões são construídas sobre histórias, esse não é um privilégio dos católicos. Os países predominantemente budistas, por exemplo, são repletos de imagens e relatos de Buda. Baseadas na mesma Bíblia, as diversas faces do protestantismo, através de datas comemorativas, leituras, debates, sermões ou canções gospel, interagem com o catolicismo na macronarrativa cristã. Seguidores do islamismo e judaísmo, que compartilham com o cristianismo apenas a primeira parte do livro — Antigo Testamento —, também cultuam seus símbolos particulares, suas datas, seus líderes etc.

No fundo, todas se valem do storytelling para convencer seus fiéis a adotarem uma série de comportamentos considerados ideais para o bom convívio humano, a conquista da felicidade e o alcance de uma vida pós-morte cheia de recompensas. Todas pregam um jeito de ser, um ensinamento vivencial. Todas se propõem a conseguir o que está intrinsecamente ligado à nossa necessidade ancestral de ouvir e contar histórias.

Não caiamos na tentação de achar que se trata só disso. Religião envolve muito mais do que conteúdos e técnicas narrativas. Mexe com valores inestimáveis, lida com o essencial e provoca mudanças profundas na vida das pessoas.

Mas também não fujamos do elemento cultural presente na religião, com sua participação no bolo de inputs recebidos por todos nós de diversas fontes, com a necessidade permanente de adequação das exigências da fé aos novos tempos. Misturada aos demais integrantes do caldeirão cultural, a religião influencia e é influenciada, e sofre o que à primeira vista pode soar como concorrência de marcas que, atendendo a seu instinto de sobrevivência, buscam atrair novas ovelhas para seus rebanhos.

Há quem fale em templos de consumo. Há quem pareça depositar sua energia mais na aquisição de produtos que exibem suas marcas preferidas do que nos valores espirituais. Há, como sempre houve, exageros e distorções. Vamos encará-los como desvios de conduta que não merecem atenção neste momento, e lidar, sem medo de heresias, com o que há de comum entre os bens do corpo e da alma na luta diária pela conquista de seguidores.

Marcas pregadoras

A paróquia de Santa Mônica, no Leblon, todos os anos, em meados de dezembro, apresenta um grupo de violinistas que, pouco antes do encerramento de uma das missas dominicais, executa músicas natalinas. Ali, entre "Noite Feliz", "Ó Vinde Adoremos", "Gloria In Excelsis Deo" e outros clássicos, um jingle publicitário é regularmente tocado e ovacionado. Trata-se de música que durante anos encheu os lares brasileiros de ternura, criada para um banco — o Nacional — que já nem existe mais. Era a mensagem natalina de uma marca, como tantas outras que frequentavam e continuam frequentando os breaks televisivos no mesmo período, mas que conseguiu sintetizar de maneira única os votos que a sensibilidade despertada pela época nos inspira a acolher e formular:

> *Quero ver você não chorar*
> *Não olhar pra trás nem se arrepender do que faz*
> *Quero ver o amor vencer*
> *Mas se a dor nascer*
> *Você resistir e sorrir...*
> *Se você pode ser assim,*

tão enorme assim, eu vou crer
Que o Natal existe
Que ninguém é triste
Que no mundo há sempre amor
Bom Natal, um feliz Natal
Muito amor e paz pra você
Pra você.

O Banco Nacional desapareceu em 1995, mas sua música de Natal ficou incorporada à cultura popular, tão querida de todos que foi bem recebida até no culto religioso.

Agora que visitamos páginas passadas da publicidade brasileira para encontrar uma preciosidade que sobreviveu à marca para a qual foi criada, vale revisitar algumas das marcas que analisamos neste livro. O que você verá ao fazer isso? Verá que nem só de Natal vive a interseção das marcas com o universo espiritual, verá o marketing em sua conceituação mais profunda se comportando como religião.

O que faz a Nike quando em um de seus filmes critica o pensamento corrente afirmando que "de alguma forma começamos a acreditar que a grandeza era reservada para poucos escolhidos, para as superestrelas", e encerra sua pregação conclamando as pessoas a "encontrarem sua grandeza"? Lembra o jingle do Banco Nacional, "Se você pode ser assim, tão enorme assim...", não lembra?

Na mesma linha da força interior enquadram-se *The power to be your best*, da Apple, e *Keep walking*, de Johnnie Walker.

IGREJA CATÓLICA APOSTÓLICA TRANSMIDIÁTICA ROMANA

E a Diesel, quando nos ensina que "só os estúpidos podem ser verdadeiramente brilhantes", nunca se esquecendo de nos prometer seu *Successful living*? Ironias à parte, não seria essa a versão pop da ideia de paraíso?

Bem, para não nos perdermos em análises intermináveis, melhor ir direto à fórmula da felicidade.

Existe marca mais pregadora do que a Coca-Cola?

Depois de mensagens isoladas de congraçamento entre pessoas de diferentes origens, depois de obter lugar de destaque no seio das famílias durante os festejos natalinos, com direito à apropriação da figura do Papai Noel, o refrigerante mais popular do mundo sentiu-se suficientemente forte para incorporar o conceito de felicidade. Exatamente isso: o prêmio máximo prometido por todas as religiões. Pretensão exagerada? Tudo depende do tom.

Na campanha que apresenta um grupo de crianças cantando em uma sala que poderia ser tanto de aula quanto de catequese, ouvimos bela música de Noel Gallagher. Uma canção falando basicamente da liberdade de escolha. Perfeito.

Sobre essa base musical desfilam imagens contrapondo otimismo ao pessimismo, e um texto que se diz baseado em estudo mundial:

Para cada pessoa dizendo que tudo vai piorar, cem casais planejam ter filhos.
Para cada corrupto, existem 8 mil doadores de sangue.
Enquanto alguns destroem o meio ambiente, 98% das latinhas de alumínio já são recicladas no Brasil.
Para cada tanque fabricado no mundo, são feitos 131 mil bichos de pelúcia. Na internet, AMOR tem mais resultados que MEDO.

STORYTELLING

Para cada arma que se vende no mundo, 20 mil pessoas compartilham uma Coca-Cola.
Existem razões para acreditar. OS BONS SÃO MAIORIA.

Lindo, esperançoso, inspirador. Mas o que faz a Coca-Cola em uma listagem de boas notícias que inclui casais que pretendem ter filhos, doação de sangue e preservação do meio ambiente? Colocar-se um refrigerante como contraponto direto à venda de armas faz sentido? Vale refletir a respeito, mas, pelo sim pelo não, é sempre reconfortante lembrar que "os bons são maioria".

Voltando ao ponto crucial deste capítulo, vimos que a pregação de Coca-Cola, Diesel, Nike, Johnnie Walker e tantas outras marcas coincide com objetivos acalentados pela humanidade e, por isso, têm presença garantida nos discursos religiosos. Resta saber como uma convergência a princípio tão improvável foi acontecer.

Human truth. Já nos referimos a isso na primeira parte do livro. A verdade pura e simples, universalmente reconhecível e crível, sem maiores esforços de seus receptores.

Grandes movimentos de comunicação buscam verdades comuns a todos os seres humanos para transmitir suas mensagens. Ao tocar o ponto sensível desencadeador de emoções, as barreiras que nos separam do objetivo tendem a desmoronar, eliminando questões como nacionalidade, idioma, fé ou qualquer fator cultural. Toda história com pretensões globais parte daí, seja para atrair leitores ou espectadores, seja para encher lojas ou templos.

Há uma evidente lacuna de causas na vida moderna, tão sufocada por pressa, praticidade e produtividade. As pessoas sentem fome de algo maior, uma fome nem sempre saciada pelas religiões ou correntes filosóficas disponíveis. Esse espaço de carência é convidativo para as marcas, não por mero oportunismo, mas por oferecer solução a um crescente problema contemporâneo: o vazio existencial.

A necessidade de estabelecer relações mais íntimas com o consumidor, buscando defesa contra a indiferença e o cinismo que pairam sobre os relacionamentos atuais, é o principal propulsor das marcas em direção ao transcendental. Daí o boom de propósitos nobres que vem atingindo as grandes marcas. Há urgência em apresentar novas respostas (ótimo), o que pode provocar pressa na formulação das perguntas, não raro conduzindo a erros de diagnóstico, tratamento ou dosagem (péssimo).

Antes de sair correndo atrás de uma causa para abraçar, as marcas precisam se assegurar de que têm uma história compatível com sua pretensão. E lembrar-se de que não é preciso ser profético nem heroico para dialogar com a essência humana. Basta ser autêntico/verdadeiro, e acionar o botão "conectar".

Se não há um DNA que permita ser tão convincente quanto a Nike, sempre será possível atingir o alvo como fez o Banco Nacional. Registre-se que este banco antecipou várias das modernidades contemporâneas, dando-nos um impecável exemplo de *branded content* com a chancela do mais importante programa de jornalismo da TV brasileira (*Jornal Nacional*), e com o patrocínio de um dos maiores heróis de nosso esporte (Ayrton Senna). Impossível lembrar do grande ídolo do automobilismo em ação sem enxergar a marca do Nacional bem na frente do seu capacete, consciente de que aquela era uma forma soberba de ganhar espaço na cabeça e no coração dos brasileiros.

Na dúvida ou na escassez de recursos, melhor errar para menos. Um pouco de autodepreciação costuma trazer resultados maravilhosos, e modéstia continua mais eficaz do que nunca para gerar aceitação, simpatia e engrandecimento das marcas perante os olhos do público. Pregadores renomados não se cansam de nos ensinar essa lição com palavras e gestos.

Capítulo 28

TELLERS, BUILDERS E DOERS

Independentemente da ancestralidade, o storytelling, ao reflorescer sua relevância em nossos dias, despertou ânsias de aprofundamentos que podem gerar confusões futuras. Normal. Tudo tende a se desdobrar em especialidades, até o ponto em que, ultrapassados os limites do razoável, começa o processo de assentamento conceitual. Expansão × concentração — a dinâmica do efeito sanfona.

Só o tempo é capaz de julgar se as especialidades são duradouras ou meros modismos. Escritores se especializam em determinados gêneros e se mostram fiéis a seus estilos há séculos. Roteiristas, além dos gêneros e estilos, às vezes delegam os diálogos a um profissional, que se dedica apenas a esse aspecto do roteiro. Em propaganda, fora a clássica separação dos criativos em redação e direção de arte, há os que se propõem a atuar prioritariamente no território on-line ou off-line, e os que só se dedicam ao below-the-line. Ainda nessa área, a vigorosa chegada dos planejadores no fim do século XX deve-se a uma especialização que se apossou de dois pedaços do que antes era atribuição compartilhada entre criadores e executivos de conta.

STORYTELLING

Junto com as especialidades nascem os jargões, que, entre diversas utilidades, servem para manter os intrusos a distância e dar aos frequentadores do mesmo nicho uma conveniente aura de inacessibilidade. Daí surgem os intermináveis neologismos tecnológicos, a proliferação de siglas e os apelidos de cargos, reuniões e processos dentro das empresas. Algo natural nas organizações humanas, quaisquer que sejam as atividades a que se dediquem. Tão antigo quanto as fartas doses de latim no vocabulário dos advogados.

Por que essa volta enorme?

Porque o **Storytelling** já começa a ter filhotes.

No capítulo dedicado à Red Bull, falamos de **Storydoer** — aquele que faz a história acontecer na vida real através da ação, e não da narração. A questão é se estamos nos referindo a um protagonista de sua própria história, que precisaria de um storyteller para contá-la, ou de alguém que deliberadamente age de forma a compor uma história. Neste caso, a ação, mais do que um exercício do protagonismo, seria uma forma de narrativa, perfeitamente integrada ao elenco das possibilidades de se contar uma história. Ou seja, puro storytelling.

O problema do storytelling, e das atividades humanas em geral, está na interpretação restritiva, ao pé da letra. Reduzi-lo ao "contar" destrói a essência do seu significado. É como atribuí-lo a quem conta uma piada sem sequer saber de onde veio a ideia da piada. Definitivamente não estamos falando de meros contadores de histórias, mas de pessoas com talento e domínio técnico para construir e comunicar histórias. Pronto, quem mandou definir? Esse "construir" motivou uma terceira expressão: **Storybuilder** — a pessoa que monta a história, a cabeça pensante por trás da narrativa. Ou seria ele apenas o editor, dando margem ao nascimento do **Story-architect**, este sim a cabeça pensante original? Cansativo demais lidar com tantas variáveis.

Enquanto o tempo não exerce seu papel depurador, faz mais sentido concentrar todas as vertentes sob o guarda-chuva do Storytelling. Os builders e doers são essencialmente tellers, sem firulas. Assim fica mais fácil entender que, no objetivo maior de fazer uma história acontecer, são storytellers de um filme tanto o roteirista quanto o diretor, os intérpretes e editores. Se o roteiro é baseado em um livro, incorpora-se ao grupo o autor da obra literária, que em relação à obra escrita inicial é o único storyteller a ser considerado. Nada tão misterioso assim: obras coletivas têm vários storytellers (cada um na sua especialidade, que não precisa ter um novo nome), obras individuais têm apenas um.

Para quem trabalha com marcas e propaganda, não há o que discutir: todas as obras nessa área são, a princípio, coletivas, multidisciplinares, portanto com grande diversidade de storytellers.

Capítulo 29

PRÓXIMOS CAPÍTULOS

Depois de tanta conversa, resta a pergunta crucial: o que fazer com tudo isso?

Bem, se você tem uma marca para cuidar, aqui vão dez sugestões que podem ser úteis:

1. Siga a máxima de Delfos: "**Conhece-te a ti mesmo.**"
Não, não estou debochando. Conhecer-se é complicado, mas não precisa ser um conhecimento perfeito, absoluto. Basta escarafunchar a origem da marca, os indícios de sua personalidade, os fatos mais importantes de sua história. Quanto mais jovem for, mais espaço você terá para começar a história do zero, ou quase. Felizes os que iniciam sua caminhada sabendo o roteiro a seguir, os que definiram o que são e projetam sua imagem de forma coerentemente planejada. Plantar a história certa desde o início é muito melhor do que ajustá-la no meio do caminho.

Independentemente da idade da marca e do ponto em que comece a narrativa, o autoconhecimento implica posicionar-se como personagem no enredo do mercado, encontrar um arquétipo que compatibilize o que a marca pensa de si com a imagem que ela projeta para o público.

2. Encontre um conflito.

Não qualquer um, mas algum em que seu público esteja envolvido e em que sua marca possa tomar partido. Todo mundo tem conflitos de sobra, o problema é escolher o que melhor se encaixa no papel que sua marca se propõe a desempenhar.

Olhe para o espaço existente entre o que as pessoas acreditam e o que elas fazem; ali residem vários conflitos íntimos que serão imediatamente reconhecidos quando você os abordar. Explore os embates entre tradição e modernidade, jogue com as disparidades comportamentais, com as atitudes que contrariam a lógica. Se encontrar uma tarefa que muita gente se sacrifique para executar, coloque-se como facilitador, ou da tarefa em si ou do convívio com a culpa por negligenciá-la de vez em quando, em nome de algo que pareça maior. Se descobrir que seu público enfrenta algum problema, alie-se a ele, tornando-se um parceiro de combate.

Sabendo razoavelmente quem você é, fica mais fácil entender que briga você pode comprar. Essa briga, aliás, pode ser contra um concorrente, a quem você dirigirá provocações, moduladas pelo potencial de adesões de determinada camada de público à atitude desafiadora de sua marca.

Lembre-se de que não existe melhor combustível para as histórias do que o conflito.

3. Busque reforços.

Mesmo que você tenha certeza do que deseja, confira suas crenças com gente que esteja a salvo de sua influência. Recorra a especialistas, ainda que seja para confirmar tudo o que você "já sabia", e não se espante se descobrir que você sabia menos do que imaginava. Acima de tudo, prepare-se para ser surpreendido. Na maioria das vezes, as surpresas começam desde a fase do autoconhecimento, quando descobrimos que a imagem projetada é bem diferente da que temos de nós mesmos. Enfim, dê boas-vindas à crítica e abrace a discussão como o necessário **conflito** que o levará às melhores soluções.

4. Escolha um consumidor padrão como seu narrador.
Esse é um teste essencial para checar se você se saiu bem nos itens 1 e 2. Imagine como as pessoas contarão sua história umas para as outras, como a narrativa se propagará nas redes sociais e como isso aumentará ou não sua interação com o público que você quer atingir. Imagine também como as pessoas contarão a história para si mesmas quando estiverem no processo de autoconvencimento de que devem comprar seu produto. Ouvir a história do ângulo de terceiros lhe dará uma perspectiva mais exata do que está correto e do que precisa ser corrigido.

5. Avalie seus recursos.
Há um investimento a ser feito, com infinita, e consequentemente perigosa, capacidade de crescimento. Verifique que meios são indispensáveis à sua narrativa e em que momento eles deverão ser acionados. Dê espaço para a assimilação e participação do seu público. Falar exageradamente em curto período de tempo pode confundir mais do que ajudar. Planeje as etapas, estabeleça metas: Daqui a quanto tempo tal aspecto da história estará maduro para que possamos avançar rumo ao capítulo seguinte? Que peso deverá ter cada fase da narrativa?

Estou pronto para realizar o sonho de ter um programa, uma mídia, alguma forma de branded content exclusiva?

Não se esqueça de que os outros personagens (os concorrentes) se movem quando e para onde querem sem que você possa controlá-los, e mudanças de cenário podem acontecer a qualquer momento. Portanto, reserve fôlego para alterações de rumo que protejam a essência de sua história.

6. **Modelada a história central, zele para que todos os movimentos de sua marca sejam compatíveis com a narrativa**.
O storytelling de marcas está sempre em aberto, acontece no dia a dia. Se não houver alguém ou um grupo permanentemente atento a esse aspecto, a tendência é perder o rumo. Para isso é imprescindível compreender a fundo a natureza da história que estamos contando, que tipo de narrativa paralela é pertinente, que desdobramentos são possíveis e como ela se comporta nos diferentes meios. Adotar uma história gera compromisso atitudinal de toda a empresa e alinhamento de tudo o que diz respeito à marca.

Mas fuja dos capatazes que se dedicam mais a patrulhar do que a inspirar. O storytelling é um facilitador, um acelerador de êxitos. Quando se torna uma dor de cabeça ou um gerador de atrasos, algo está errado: ou seus guardiões ou a própria narrativa.

7. **Procure histórias irmãs, alie-se a elas**.
Sua história se encaixará em algum gênero, terá tramas, personagens e cenários característicos. Outras histórias frequentarão ambientes temáticos semelhantes e será ótimo fazer-lhes companhia.

PRÓXIMOS CAPÍTULOS

Se sua história fala de superação, será excelente ver sua marca em filmes, peças teatrais, livros com essa mesma mensagem. Se for uma história de aventura onde o bom humor prevaleça, será perfeito vê-la associada a comédias ou personagens tipo Indiana Jones. Mesmo que o contexto seja distante de sua marca, basta um personagem, uma situação. A afinidade pode se limitar a um determinado segmento de público que consuma tanto seu produto quanto aquela história alheia. *Product placement* é uma expressão muito fria para designar algo que, se bem-feito, irrigará sua narrativa de maneira espetacular, aumentando-lhe a capilaridade e a penetração. E, dependendo da história, você ainda recebe de bônus o efeito "diga-me com quem andas", cujo poder de alavancagem é ilimitado.

8. **Ofereça ao público a oportunidade de vivenciar sua história.**
Nada como um evento, uma festa, ação de rua, uma interação física para deixar memórias agradáveis e infundir nas pessoas o desejo de continuar participando do enredo. Se você pode ser o dono da festa, maravilha! Convide os melhores planejadores e produtores, e comande o espetáculo. Se a iniciativa sair muito cara, sempre haverá eventos de terceiros compatíveis com o seu storytelling. Você pode patrociná-los, apoiá-los, arranjar algum meio de circular na área quando as pessoas estiverem experimentando o clima que você se esforça tanto para transmitir. Essas pessoas produzirão selfies, farão comentários nas redes sociais, encontrarão amores, viverão boas emoções, se tornarão multiplicadoras de sua narrativa pelo simples fato de estarem degustando um pedacinho dela.

Vale a pena investir nisso. Incremente o transmídia, lembre-se do quanto as festas populares são fundamentais para a narrativa patriótica e religiosa, e não hesite em fazer uso desse possante alavancador.

9. **Respeite os fatos. Dê asas à ficção, mas não tente inventar a realidade.**
Já vimos o quanto os conceitos de realidade e ficção se mesclam. Não tenha medo de utilizá-los, mas mantenha o bom senso permanentemente em alerta.

Selecione os fatos que lhe interessam, enquadre-os no ângulo mais favorável, usando um pouco de maquiagem se necessário, sempre atento aos limites da ética. Depois deixe a criatividade trabalhar. Você verá que a ficção produzida nesse contexto expressará verdades talvez com muito mais competência do que os fatos, a tal ponto que tudo se fundirá em uma única e honesta obra ancorada na mais plena autenticidade.

No caso de ser tentado a ingressar na crescente onda de ações de marketing baseadas em pegadinhas com o consumidor, pense, repense e rerrepense. Levar alguém a acreditar em algo para em seguida revelar que tudo não passava de brincadeira é expor esse alguém ao ridículo. Pode ofender e — mais grave — pode provocar uma ruptura no elo de confiança entre marca e público, com consequências altamente danosas. Ninguém gosta de ser enganado, nem feito de bobo.

10. **Prepare-se.**
Pretendendo ou não ser um storyteller, você vai ter de lidar com narrativas. Elas fazem parte da vida, estão em todo lugar.

PRÓXIMOS CAPÍTULOS

Quer liderar bem um negócio? Suas estratégias serão mais claras, motivadoras e eficazes se forem inseridas em histórias bem contadas.

Quer que sua marca seja desejada e tenha boa reputação? Apure seu critério, esteja pronto para avaliar as propostas narrativas que lhe forem apresentadas e, uma vez adotada uma linha, seja seu mais inflamado defensor. Construa uma boa história e aprenda a contá-la da forma mais impactante, convincente e empolgante possível.

Líderes que contagiam suas equipes com histórias poderosas fazem com que o contágio ultrapasse os limites da empresa, atinja os consumidores e se alastre em um magnífico boca a boca, físico e virtual.

Agora, se você quer ir mais fundo na história, preste atenção às palavras de Stephen Nachmanovitch — músico, artista gráfico e autor do livro *Free Play — The Power of Improvisation in the Life and the Arts*:

A prática não é só necessária à arte, ela é a arte.
[...] Se achar um exercício chato, não fuja dele, mas também não precisa suportá-lo. Transforme-o em algo que lhe agrade.
Se você se chateia em repetir uma escala, toque as mesmas oito notas em outra ordem. Então mude o ritmo. Depois mude a tonalidade. Você estará improvisando.
[...] Em qualquer arte é possível tomar a técnica mais básica e simples, modificá-la e personalizá-la até transformá-la em algo que nos motive.
[...] Para criar, é preciso ter técnica e libertar-se da técnica.

STORYTELLING

[...] Embora possa parecer um paradoxo, descobri que ao me preparar para criar já estou criando; a prática e a perfeição se fundem em uma coisa só.

Dito isso, arregace as mangas, ajuste suas antenas, dê um lustre na sensibilidade, observe tudo ao redor e recicle-se incessante e prazerosamente. Trabalhe sua história (de marca, pessoal, profissional, qualquer que seja) até sentir orgulho dela, e bom proveito.

Ah, sim!, um último lembrete: havendo conflito entre a técnica e o instinto, aposte sempre no instinto. Ele sabe das coisas.

No mais, continuemos aprendendo, que ainda temos muita história pela frente.

Assista aqui a todos os vídeos que ilustram este livro:

Bibliografia

A Bíblia Sagrada. 115. edição. São Paulo: Ave-Maria, 2002.
BATEY, Mark. *Brand Meaning.* New York: Routledge, 2008.
BERNARDIN, Tom; TUTSSEL, Mark. *Human Kind.* São Paulo: M. Books, 2013.
BRADBURY, Ray. *O zen e a arte da escrita.* São Paulo: Leya, 2011.
BUCKINGHAM, Will; BURNHAM, Douglas; HILL, Clive; KING, Peter J.; MARENBON, John; WEEKS, Marcus et al. *O livro da filosofia.* São Paulo: Editora Globo, 2011.
COMPARATO, Doc. *Roteiro.* Rio de Janeiro: Nórdica, 1983.
FIELD, Syd. *Manual do roteiro.* Rio de Janeiro: Objetiva, 2001.
GIOVAGNOLI Max. *Transmedia Storytelling: Imagery, Shapes and Techniques.* Pittsburgh: ETC Press, 2011.
GOTTSCHALL, Jonathan. *The Storytelling Animal: How Stories Make us Human.* Boston: Houghton Mifflin Harcourt, 2012.
HAYS, Constance L. *The Real Thing. Truth and Power at the Coca-Cola Company.* New York: Random House, 2004.
HELENA, Raul Santa; PINHEIRO, Antonio Jorge Alaby. *Muito além do merchan!.* São Paulo: Elsevier, 2012.
HORTA, Luiz Paulo. *A Bíblia, um diário de leitura.* Rio de Janeiro: Zahar, 2011.
ISAACSON, Walter. *Steve Jobs: a biografia.* São Paulo: Companhia das Letras, 2011.
JAMES, Henri. *A arte da ficção.* São Paulo: Novo Século, 2011.
JENKINS, Henry. *Cultura da convergência.* São Paulo: Aleph, 2008.
JOHNSON, Robert A. *Imaginação ativa — Inner Work.* São Paulo: Mercuryo, 1989.
KAFKA, Franz. *The Great Wall of China and Other Short Stories.* Londres: Penguin Books, 2002.
LAMOTT, Anne. *Palavra por palavra.* Rio de Janeiro: Sextante, 2011.
MARCONDES, Pyr. *Marcas, uma história de amor mercadológica.* São Paulo: Editora Meio e Mensagem, 2003.
MARTIN, Brett. *Homens difíceis.* São Paulo: Editora Aleph, 2014.

MCKEE, Robert. *Story*. Curitiba: Arte & Letra, 2006.

MCKEE, Robert. *On Dialogue — Number 1*. Los Angeles: Writers' Quarterly, 2007.

MONTAGUE, Ty. *True Story*. Boston: Harvard Business Review Press, 2013.

MURAKAMI, Haruki. *1Q84*. Rio de Janeiro: Alfaguara, 2012.

NÚÑEZ, Antonio. *Será mejor que lo cuentes*. Barcelona: Ediciones Urano, 2007.

PEARSON, Carol S. e MARK, Margaret, *O herói e o fora da lei*. São Paulo: Cultrix, 2003.

PENDERGRAST, Mark. *For God, Country & Coca-Cola*. Nova York: Basic Books, 2013.

ROBERTS, Kevin. *Lovemarks: o futuro além das marcas*: São Paulo: M. Books, 2005.

SANDEL, Michael J. *Justiça. O que é fazer a coisa* certa. Rio de Janeiro: Editora Civilização Brasileira, 2011.

TRUFFAUT, François. *Hitchcock/Truffaut — Entrevistas*. São Paulo: Companhia das Letras, 2004.

UNAMUNO, Miguel de. *Como escrever um romance*. São Paulo: Realizações, 2011.

VOGLER, Christopher e MCKEENA, David. *Memo from the Story Dept*: Michael Wiese Productions, 2011.

WOOD, James. *Como funciona a ficção*. São Paulo: Cosac Naify, 2012.

XAVIER, Adilson. *O Deus da criação*. Rio de Janeiro: Best*Seller*, 2007.

Este livro foi composto na tipografia
Melior LT Std, em corpo 11/16,8, e impresso em
papel off-white no Sistema Digital Instant Duplex
da Divisão Gráfica da Distribuidora Record.